Texte • Medien

Kemal Kurt

Die Sonnentrinker

Schroedel

Texte • Medien

»Die Sonnentrinker« von Kemal Kurt

Herausgegeben von Ingrid Hintz

Materialteil erarbeitet von Janette Münzer und Dieter Hintz

Das Texte • Medien -Programm zu »Die Sonnentrinker«:
978-3-507-47088-0 Textausgabe mit Materialien
978-3-507-47388-x Lesetagebuch
978-3-507-47288-x Informationen für Lehrerinnen und Lehrer
Informationen und Materialien im Internet: **www.schroedel.de/textemedien**

ISBN 978-3-507-47088-0

Druck A [1] / Jahr 2010

Alle Drucke der Serie A sind im Unterricht parallel verwendbar.

Redaktion: Birgitt Brüschke, Vellmar
Herstellung: Andreas Losse
Umschlaggestaltung und Lay-out: JanssenKahlert Design, Hannover
Umschlagfoto: panthermedia
Illustrationen (Innenteil): Jaroslav Schwarzstein, Hannover
Satz: DTP Heimservice Gundolf Porr, Germersheim
Druck und Bindung: westermann druck GmbH, Braunschweig

INHALT

KEMAL KURT

Die Sonnentrinker

Materialien

Zu diesem Buch

Hakan lebt in Berlin. Er und seine Freunde Daffyd und Wahib sind die „Wedding Boys“, die einen Probenraum suchen, in dem sie für ihre Breakdance-Auftritte in der Stadt üben können. Das Geld, das sie bei ihren Auftritten einnehmen, wollen sie in ihren Traum investieren: ein eigenes Café in ihrem Stadtteil. Doch ihre Träumereien haben ein Ende als Hakans Vater, der an Depressionen leidet, kurz vor dem Bayram-Fest am Ende des Fastenmonats Ramadan plötzlich verschwunden ist. Für die Freunde beginnt eine schwierige und aufregende Suche durch Berliner Stadtteile.

Es gibt viele Jugendliche, die gern Bücher lesen. Das ist erfreulich, denn wer liest, nimmt teil an den Lebensgeschichten, Erlebnissen, Problemen, Gedanken und Gefühlen der Buchfiguren. Deshalb sagt man: Wer liest, lebt doppelt.

Die Bücher der Reihe **Texte.Medien** wollen zum Lesen motivieren – im Unterricht in der Schule, aber auch zu Hause in der Freizeit. Sie wollen die Freude am Lesen steigern und „Lust auf mehr Bücher“ machen.

Zu jedem Buch gibt es ein **Lesetagebuch**, das dabei helfen soll, sich selbstständig – individuell und gemeinsam mit anderen, die ebenfalls dieses Buch lesen – mit dem Inhalt und den Personen auseinanderzusetzen.

Viel Freude beim Lesen des Buches!

Dies ist das Lied
der Sonnentrinker,
die aus irdenen Schalen
Sonne trinken!
Dies ist ein Zopf,
ein flammender Schopf,
der flackert und loht
wie eine Fackel, blutig und rot,
über den braunen Stirnen
der nackten Helden
mit kupfernen Füßen!
Ich sah jene Helden auch,
auch ich umschlang diesen Schopf,
auch ich stampfte mit ihnen allen
über die Brücke zur Sonne!
Auch ich trank Sonne aus irdenen Schalen,
auch ich sang das Lied!

Nâzım Hikmet

Aus dem Türkischen von Annemarie Bostroem

1

Manchmal hat man Glück. Die Bruchstücke fallen an ihre Plätze und ergeben ein Ganzes. Kein Teilchen bleibt übrig, kein Zwischenraum wird verschenkt. Alles passt zusammen.

Das ist selten. Meistens hakt und scheppert es an allen Enden. Die Schraube dreht sich im Leeren, sie lässt sich, so sehr man es versucht, einfach nicht anziehen. Beugt man sich nach vorn, fällt man kopfüber, steht man auf, stößt man gegen den Türrahmen.

Da hilft nur Ruhe. Sich aufzubäumen hat keinen Sinn. Man muss den Dingen ihren Lauf lassen. Ohne Widerstand kann man Stöße leichter abfangen, mit Gefühl Bewegungen besser umlenken. Gehen und sich gehen lassen. Loslassen. Gelassen bleiben, bleiben lassen.

Wenn man sich sträubt, wird man am Kiesgrund wund gescheuert. Die Strömung kann man eh nicht anhalten.

Sich auf den Rücken legen und treiben lassen. Das bringt es, nur das.

Bodysurfing durch den Tag. Relaxen in der Gischt.

Welle um Welle.

Stoß um Stoß.

Hakan wechselte die Straßenseite. Sonst hatte er die Angewohnheit, auf der linken Seite bis zur Badstraße hinaufzulaufen. Heute aber war dieser Bürgersteig der Buttmannstraße nicht nur gut belebt wie üblich, sondern wuselig und hektisch. Große, kleine und noch kleinere Kinder rannten schreiend hinter einem platten Ball her. Ein Mädchen war dabei, mit blauer Kreide auf einer Hauswand *Selim ist doof* zu schreiben, ein Junge – mit allerhöchster Wahrscheinlichkeit besagter Selim – lief auf sie zu und schubste sie, worauf sie ihn wie eine Furie zu jagen begann. Der Junge flitzte quer zwischen den Ballspielern durch, wich dem einen oder anderen aus, versteckte sich hinter diesem und jenem. Auf diese Weise verstopften die beiden die letzten Schlupflöcher, die Hakan geblieben wären.

Nicht genug der Erschwernisse: Zwei nicht mehr taufrische Ladys mit grauen, für besseren Halt knisternd steif gesprühten Dauerwellen waren auf der Eingangsstufe der chemischen Reinigung in ein längeres Gespräch über das gestrige Abendprogramm im Fernsehen vertieft, so intensiv, dass man annehmen musste, es ginge um die unmittelbaren Folgen eines versehentlich entbrannten Nuklearkrieges auf Menschen, Fauna und Flora. Ihre ebenso grauen Pudel mit ebensolchen Dauerwellen beschnupperten sich derweil an der Bordsteigkante gegenseitig den Hintern und spannten ihre Leinen gekreuzt über die ganze Breite des Gehsteigs.

Fauna und Flora *Tier- und Pflanzenwelt*

Gerade wollte Hakan die Straße überqueren, da rollte ein Auto biblischen Alters und einer Länge, die von einer Haustür bis zur nächsten zu reichen schien, mit asthmatischem Knattern in halber Schrittgeschwindigkeit über das Kopfsteinpflaster, als wolle es verkünden, zu schnellerem Fortbewegen sei es nicht im Stande.

Nicht dass Hakan angenommen hätte, die bei der Kälte gut sichtbar aus den Gullydeckeln strömenden Ausdünstungen der Stadt wären auf der anderen Seite weniger beißend. Auch hier gab es sie, die mit Brettern zugenagelten Läden, verstaubten Fensterscheiben, Schilder, die von Gewesenem erzählten: *Taze Balık*, frischer Fisch aus dem Schwarzen Meer. *Kuaför Fatih*, Fatih der Friseur. Und am Ende der Straße, genau an der Ecke, umso leuchtender ein knallbuntes Schild: *Toros Imbiss*. Einsam drehte sich ein verschrumpelter, halb verkohlter Fleischspieß im Schaufenster.

Hakan trat ein. „*Selâm*, Serdar!“

„*Selâm*, Hakan! Was darf's heute sein?"
„Gestern war es gefüllter Hummer mit Bohnen. Heute habe ich Lust auf einen Döner", sagte Hakan.
„Wir haben Kaviar-Döner im Angebot", erwiderte Serdar grinsend, während er sein Messer schärfte.
„Du übertriffst dich."
Im Gegensatz zu Hakans hatte Serdars Vater ein Gespür für Geschäfte. Hüseyin Bey kaufte in der *Zweiten Hand* inserierte Schrottautos, möbelte sie optisch auf und verkaufte sie mit sattem Gewinn an ahnungslose Landsleute. Auch der Imbiss lief gut. Er verdiente eine Stange Geld damit. Zuletzt hatte er in Friedrichshain ein ganzes Mietshaus gekauft. Hakans Vater dagegen musste sich am Ende jeden Monats den Kopf darüber zerbrechen, wo er die Miete für ihre Wohnung hernehmen sollte. Manchmal wünschte Hakan, sein Vater würde sich von Hüseyin Bey eine Scheibe abschneiden.
Serdar reichte ihm den Döner. „Wie nennt man eine Frau, die immer weiß, wo ihr Mann sich gerade aufhält?"
„Eine Witwe", antwortete Hakan.
Serdar war enttäuscht. „Woher weißt du das?"
„Hat sooo einen Bart."
„Den kennst du bestimmt nicht, der ist super: Eines Tages will ..."
„Du und deine Witze!", rief Hakan, schon im Gehen. Dass jemand seine Witze verschmähte – Serdar verstand die Welt nicht mehr.

Auf der Straße spürte Hakan sein Handy am rechten Schenkel kribbeln. „Hallo?"
„Okay! Wo bist du?"
„Bad Ecke Pank."
„Gut! Du gehst jetzt die Badstraße hinunter bis zur Grün-

taler und wartest dort auf weitere Anweisungen. In fünf Minuten hörst du von uns, verstanden?"

„Hey, was soll ..." Schon aufgelegt. Hakan ließ das Handy zurück in die Hosentasche plumpsen.

Die Ampel stand auf Rot. Kein Auto zu sehen. Er lief hinüber.

„Es ist noch Rot!", rief ein Mann, der neben seiner Frau wartete, in selbstgerechter Empörung. Da sprang sie auf Grün. Hakan zeigte darauf.

„Gefällt Ihnen dieses Grün nicht? Na, dann warten Sie mal auf das nächste."

Vorsichtig setzte der Mann einen Fuß auf die Fahrbahn, doch schon wechselte die Ampel wieder.

Schnell muss man sein in der Stadt. Schnell denken, schnell entscheiden, schnell handeln. Und niemandem eine Antwort schuldig bleiben. Sonst wird man untergebuttert. Die Zeit mehrfach nutzen, sie verdoppeln und verdreifachen. Telefonieren, fernsehen und gleichzeitig im Internet surfen. Sonst verliert man den Anschluss. Filme, Videos, CDs, drei Dutzend Fernsehprogramme. Jedes zweite Jahr bringt Bill Gates eine neue Windows-Version heraus. Wer die neueste CD von Dr. Dre, den neuen Johny-Depp-Film nicht kennt, ist selbst der größte Depp.

Papa, dachte Hakan, war als Kind daran gewöhnt, mit größter Selbstverständlichkeit eine geschlagene Stunde zu warten, bis der Ochsenkarren ächzend und knarrend durchs Dorf war. Das Wort Stress hatte er nicht einmal gekannt. Umso härter traf es ihn dann.

Kurz vor der Grüntaler summte es wieder an seinem Bein.

„Und? Angelangt?"

„Ja!"

„Du biegst jetzt links ein und läufst bis zur Bellermann. Du hörst von uns."

„Wie viele seid ihr denn?“

Ein Lachen am anderen Ende. „Mehr als einer jedenfalls. Aber wenn du hübsch brav bist, brauchst du keinen Schiss zu haben. Wir lassen dich ganz.“

Er legte auf.

Die Grüntaler war prall gefüllt mit Leben, von einer Straße in Istanbul kaum zu unterscheiden. Ungeachtet des Verkehrs standen Leute bewundernd um einen neuen BMW in der zweiten Reihe und unterhielten sich mit dem Fahrer. Ein Mädchen kam Hakan entgegen, an den Händen zwei kleinere Brüder. Die Jungen trugen weiße Anzüge, weiße Hüte und rote Schärpen. *Das Gelbe vom Ei / ist bald entzwei*, wollte Hakan ihnen spöttelnd hinterherrufen. In wenigen Tagen würden sie beschnitten werden. Das Mädchen war stolz wie eine Schneekönigin, als wäre das ihr Verdienst. Ihr Mund reichte von einem Ohr zum anderen.

Wieder das Summen. „Hallo?“

„Bist du da?“

„Nein, noch nicht, aber kurz davor.“

„Hast du Bleiklumpen an den Füßen? Beeil dich, Mann. Wir haben keine Lust, den ganzen Tag zu warten.“

„Ich geb mir Mühe.“

„Durchstarten sollst du! Du biegst jetzt rechts in die Bellermann und läufst bis zur Jülicher.“

„Jülicher? Was soll ich denn da?“

„Hey, hey! So haben wir nicht gewettet. Wer stellt hier die Fragen, du etwa, pig’s ass? Seit wann bestimmen in Deutschland Kanaken?“

„Ist schon gut, Mann! Reg dich ab!“

„Was heißt hier ‚reg dich ab‘?“ Die Stimme überschlug sich. Gebrüll quakte aus dem winzigen Gerät, dem man solche Töne nicht zugetraut hätte.

„Chill aus, Mann!“ Hakan drückte auf die rote Taste. Jülicher, das war *off limits*. Hier hatten die *Tigers* das Sagen, und das war eine miese Bande. Hakan war nicht scharf darauf, sich die teure Jack-Wolfskin-Jacke abziehen zu lassen. Vor dem Eingang des *Bosporus* standen Türken und rauchten. *Trabzonspor* spielte gegen *Fenerbahçe*. Halbzeitstand: zwei zu null. Die Stimmung: hervorragend. Durch die offene Tür sah Hakan zwei Halbstarke auf einem der Tische tanzen. Inmitten all dieser Typen stand eine blondierte Frau vor der Tür, polnische oder bosnische Bedienung. Sie nutzte die Spielpause für eine Zigarette.

Trabzonspor, Fenerbahçe *Fußballvereine in den türkischen Städten Trabzon bzw. Istanbul*

Die Besucher des Cafés – sie stammten wie Hakans und Serdars Eltern aus der Schwarzmeerregion – standen geschlossen hinter Trabzonspor. Begeisterte Anhänger, fanatisch. Die Bayern- und Dortmundfans waren Milchbuben dagegen. Eine gefährliche Spaltung drohte nur, wenn Trabzonspor gegen Samsunspor oder Rizespor spielte, ebenfalls Mannschaften aus der Region. Da musste der Cafébesitzer aufpassen, dass man ihm nicht sein Mobiliar zerlegte. Die Küstenbewohner des östlichen Schwarzen Meeres, unweit des Kaukasus, werden Lasen genannt. Sie sind so etwas wie die türkischen Ostfriesen, es gibt jede Menge Witze über sie.

Summm! „Ja?“

„Rechts in die ...“

„Wohin?“

„Sitzt du auf den Ohren? Ich wiederhole mich nicht gern. Das Leben ist zu kurz dazu. Kapiert?“

„Okay, okay!“

Hakan bog rechts in die Mönkeberger. Auf diese Idee wäre er von allein nicht gekommen. Am Ende der Straße lag eine Autopresse. Schrott, so weit das Auge reichte! Ausrangierte Fords, Opels, Daimler lagen in einer Art Massenstarre übereinander, endlich außer Konkurrenz, glücklich im Unglück vereint. Zu Würfeln zusammengepresste Blechblöcke warteten vergeblich aufs Abgeholtwerden. Auf Wiedersehen – unter einem günstigeren Stern. Auch diese Autos hier hatten mal ein eigenes Leben, haben Leute glücklich und unglücklich gemacht. Manche rochen nach ihrem Besitzer, nach Deo, nach Schweiß. Manch ein Kid hatte auf dem Rücksitz einer dieser Rostkarren seine erste Erfahrung gemacht. Als einsamer Exot stand da ein Sportwagen mit zusammengeknautschter Haube wie ein Ausstellungsstück in einem teuren Salon. Ein unwürdiges Ende für einen *Lotus*.

Wieder die Stimme: „So, gleich geschafft. Jetzt in die Sonderburger. Wenn du dir nicht vorher in die Hosen scheißt."

„Hatte ich nicht vor!", murmelte Hakan. Kam da doch etwas wie Angst auf?

„Warte nur, Freundchen. Dir wird Hören und Sehen vergehen."

Die Sonderburger mündet in die Osloer, die rechts auf die Bösebrücke führt. Darunter S-Bahn-Schienen. Vor der Brücke eine breite Treppe abwärts, versperrt von einer Metallgittertür.

„Weiter!", kommandierte die Stimme.

Hakan drückte gegen die Tür. „Die ist zu!"

„Oh, der Portier hat schon Feierabend?", höhnte die Stimme. „Dann kletter doch rüber. Nun mach schon! Hast du noch nie vor einer geschlossenen Tür gestanden?"

Hakan stöhnte. Warum machte er das bloß mit? Er hangelte sich an der Tür hoch, setzte ein Bein über die spitzen Pieker auf die andere Seite und sprang ab. Über voll gesogene Spanplatten, zersplitterte Kunststoffrahmen, weiße Blechteile lief er die Treppe hinunter. Von einem Kinderwagen lag hier das Gestell, dort der Aufsatz.

„Das erste Häuschen rechts!“, wies ihn die Stimme an.
Hakan fand sich in einer Schrebergartenanlage. Ein nagelneues Holzhäuschen, das in frischem Lack glänzte, war wie eine Schießbude ringsum mit Lichterketten behängt, davor stand ein knallbunt geschmückter Tannenbaum. Mit dieser Weihnachtsidylle an den Schienen hatte sich ein Träumer hemmungslos ausgelebt. Rechts davon, etwas zurückgesetzt, lag ein lang gezogener Lagerschuppen, der offenbar nicht mehr benutzt wurde.
Die Tür war abgeschlossen.
Hakan rüttelte daran. Wieso war an dieser Bruchbude ausgerechnet das Schloss heil geblieben?
„Links“, zischte die Stimme. „Links!“
Die Fenster waren von innen mit Brettern vernagelt, links fehlten die beiden unteren Planken.
„Durchs Fenster, Mann!“
Die linke Hand auf das morsche Fensterbrett stützend stieg Hakan in das Lager. Glasscherben knirschten unter seinen Füßen.
„Zum Flur!“, dirigierte die Stimme.
Im Flur war es dunkel. Unheimlich. Hakans Haut spannte sich, kribbelte. Sie fühlte sich an wie die Haut einer frisch gerupften Gans.
„Zweite Tür rechts!“
Sich an der Wand entlangtastend ging Hakan vorsichtig über Gerümpel an einer Tür vorbei und setzte einen Fuß in den nächsten Raum. Sogleich sprang ihn jemand von hinten an und nahm ihn in den Schwitzkasten.
„Loslassen!“, schrie Hakan. Er schlug um sich, versuchte sich zu befreien. Ein zweiter Angreifer packte sein rechtes Bein, warf ihn zu Boden. Schon hatte sich der eine auf den Rücken gesetzt und der andere auf die Beine. Der Schwitzkasten wurde angezogen.

„Shit!“ Hakan schmeckte Staub. „Ich krieg keine Luft.“

„Und? Was macht man da?“

Hakan klopfte mit der rechten Hand dreimal auf den Boden. „Ich ergebe mich!“, keuchte er.

Der Schwitzkasten löste sich. Langsam kam Hakan auf die Beine. „Verdammte Kacke!“ Er spuckte den Staub aus den Zähnen.

Vor ihm standen breit grinsend Daffyd und Wahib.

Hakan hatte die ganze Zeit gewusst, dass sie es waren. Aber zuletzt hatte er sich doch voll gegruselt. Es war echt wie im Kino.

„Na? Was sagst du dazu?“ Mit dem Stolz eines frisch gebackenen Reihenhausbesitzers wies Daffyd auf den Raum ringsum.

„Eine Renovierung könnte nicht schaden.“

„Wir brauchen nur die Scherben zusammenzufegen. Schau dir den Boden an! Glatt wie ein Babypo. Und groß. Genau das, was wir suchen.“

„Ein Probenraum wie für Profis“, meinte Wahib. „Ich hab einen Besen mitgebracht.“

Hakan schaute sich um. An eine Wand war ein Hakenkreuz gemalt, darunter stand *Deutschland verrecke*. An die Wand gegenüber hatte jemand *Freiheit für Abu Jamal* gesprüht.

„Wir sind nicht die Ersten hier“, bemerkte er messerscharf.

„Umso besser. Dann teilen wir die Miete.“ Daffyds Freude war ungetrübt.

„Mit Faschos?“

Faschos *Bezeichnung für Neonazis*

„Was für Faschos? Hakan, seit wann gibt es im Wedding Faschos? Das ist doch befreites Gebiet.“ Er holte eine Spraydose aus seinem *Eastpak* und übersprühte das Hakenkreuz. „Das hier kann nur ein Betriebsunfall sein. Schnell erledigt, die Renovierung.“

Dann schaute er sich den anderen Spruch an, überlegte ei-

nen Moment und sprühte darunter: *P. Diddy in den Knast.*
„Ey!", protestierte Wahib. „Ich dachte, du magst ihn."
„Seine Musik", meinte Daffyd. „Da muss man unterscheiden. Ich mag keine Leute, die wild um sich ballern."
„Hat er doch gar nicht!", widersprach Wahib. „Das haben ihm bloß die Weißen angehängt." Er holte ebenfalls seine Spraydose heraus. „Ich lasse das nur gelten, wenn ..." Zwischen *Diddy* und *in* ergänzte er in Schönschrift: *und Eminem. „White trash!"*, sagte er verächtlich.
Mittlerweile hatte Hakan den Raum durchmessen. „Ist ja wirklich riesig groß. Doch, so langsam gefällt's mir hier."
Wahib drehte den Hahn am Waschbecken auf, der rostrotes Wasser hustete.
„Schau an! Sogar fließend Wasser! Nett von denen!"
Daffyd griff in seinen Rucksack. „Wie wär's mit einer kleinen Einweihungsparty?" Er hantierte mit seinen CDs.
„Was hast du da? Snoop Doggy Dogg?" Hakan beugte sich zu ihm.
„Nö! Wu-Tang Clan." Daffyd drehte die Lautstärke bis zum Anschlag.
Hakan begann prüfend in den Knien zu wippen. „Geht voll in die Beine."
„Schon besser", sagte Wahib.
Doch keiner hörte, keiner verstand ihn mehr.
Daffyd sprang von einem Bein aufs andere. Er drückte sich die Mütze fest auf den Kopf – die Mütze, die er immer aufhatte und nicht einmal zum Schlafen absetzte. Höchstens beim Duschen. Wie ein sich drehender Derwisch wirbelte Hakan um seine Achse, um gleich darauf in *Windmill* zu gehen, wobei er, die Beine ausgestreckt, abwechselnden Bodenkontakt mit den Schultern und Händen hatte. Daffyd war mit einem Float am Boden zugange. Sein Körper schwebte waagerecht, von seinen laufenden Händen gestützt, wenige

Derwisch *hier: wild tanzende Person*

Zentimeter über den Dielenbrettern. Und schließlich trat auch Wahib in Aktion. Von Armen und Händen angetrieben, drehte er sich wie ein Kreisel auf dem Kopf. In *Powermoves*, besonders in *Headspin* war er nicht zu schlagen.
Wu-Tang Clans Wüten erreichte mühelos die schmalen Wege durch die Schrebergärten und die Bahngleise, wo es weiter keinen Schaden anrichtete. Nur ein leicht verlotterter, offenbar vom Vorabend übel verkaterter Mann führte seinen Hund durch die Gärten spazieren. Der Hund merkte auf und eilte mit hoch aufgerichtetem Schwanz zum Lagerschuppen.
„Helmut!", rief der Mann. „Kommst du wohl her!"
Der Hund blieb stehen. Sehnsüchtig schaute er zum Lager, dann mit deutlichem Missmut auf zu seinem Herrn. Die Wahl zwischen Wu-Tang Clan und seinem Herrchen fiel ihm nicht leicht. Doch wie so oft bei Hunden siegte die Vernunft. Langsam kehrte er zu seinem Herrn zurück.
Sein Schwanz blieb erhoben. Man hätte meinen können, er wippte im Beat des Rap.

2

Die Mutter und Serap schauten zur Tür. Hakan legte den Kopfhörer ab. Ein Schlüssel drehte sich im Schloss.

„Wer ist das?“

Serap setzte das Bügeleisen ab und zog den Stecker heraus. Sie war gerade ein Jahr jünger als Hakan.

„Wer wird es schon sein?“, erwiderte die Mutter. „Dein Vater.“

„Ach so.“ Stöhnend stand Hakan auf. Nirgends hat man seine Ruhe, klagte sein gequälter Gesichtsausdruck. Immer weniger hatten Vater und Sohn einander zu sagen. Hakans Vater sank jeden Tag tiefer in seine Schwermut, in ein Gemisch aus Sehnsüchten, Wehleidigkeit über verpasste Chancen und quälendem Heimweh. Seine Gefühle waren nach rückwärts gewandt, am liebsten wäre er in seine Kindheit zurückgekehrt, während Hakan nicht schnell genug erwachsen und selbstständig werden konnte.

Vater und Sohn standen Rücken an Rücken, der eine kleinwüchsig, unsicher, melancholisch und der andere hochgeschossen, selbstsicher und nicht auf den Mund gefallen. Der eine schaute zurück, der andere nach vorn. Weder ihre Blicke noch ihre Wege kreuzten sich und ihre Einstellungen zum Leben hatten nichts miteinander gemein. Unterschiedlicher könnten zwei Menschen nicht sein, dachte Hakan.

melancholisch *traurig, mutlos*

Im Flur trafen Vater und Sohn aufeinander. Aus der Küche strömte der Duft frisch gekochten Huhns.

„Was heißt *Piff Paff*?“, fragte der Vater beim Mantelausziehen.

Unter den Geruch der Hühnersuppe mischten sich die fremden Gerüche, die er mitgebracht hatte und die ihm erst schwach, dann immer kräftiger aus den Kleidern, aus den

Poren strömten: Er roch nach dem ranzigen Fett der Frittierbuden, er roch nach dem kalten Rauch abgestandener Stadtwinterluft, er roch nach der moderigen Feuchte ferner Straßen, ferner Menschen. Nach Einsamkeit und Verdrossenheit roch er.

„Nie gehört!" Hakan zog seine Jack Wolfskin über, als bräche er zu einer Arktisexpedition auf. Der eine kam, der andere ging. „Wo hast du das her?"

„Stand an einer Hauswand."

„Das heißt gar nichts. Hat nur so jemand hingesprüht. Aus Spaß."

„Aus Spaß?"

„Ja. Damit Leute wie du sich wundern."

Ungläubig schüttelte Hakans Vater den Kopf.

„Papa! Das ist doch nicht *dein* Problem. Immer hakst du dich fest an Nebensachen, Kleinigkeiten."

Pantomimisch langsam hängte der Vater seinen Mantel über den Bügel. Eine formlose Hülle der Freudlosigkeit. Wie viele unerzählte Geschichten verbarg sie in ihrem mürben Futter? So weit Hakan zurückdenken konnte, trug sein Vater denselben Mantel, denselben Schal. „Aus Trabzon", antwortete er, wann immer Hakan und Serap ihn mit der Frage aufzogen, wo er den schicken Fummel herhabe.

Trabzon *Stadt im Nordosten der Türkei*

„Es *muss* aber eine Bedeutung haben", rief der Vater gereizt. „Es *muss*!" Er kam nicht los davon.

Mit der Suppenkelle in der Hand trat Hakans Mutter in die Küchentür. „Da bist du ja endlich. Wo sind die Zigaretten?"

Er zuckte mit den Schultern, die Unschuld selbst. Eine kleine Unschuld im Vergleich zu der Frau, die nun in ihrer ganzen Fülle wie ein Monument der Standhaftigkeit die Diele füllte.

„Vergessen!"

Es wäre so einfach, böse auf ihn zu sein. Und doch brachte Hakans Mutter es nicht fertig.

Sie sah ihren Mann versonnen an. „Du wolltest doch gleich zurück sein. Den ganzen Tag habe ich auf die Zigaretten gewartet."

Er setzte sich auf die Fußbank um die Schuhe auszuziehen. Seine Kniegelenke knacksten.

„Komm in die Küche, Rahmi, iss etwas. Du musst ausgehungert sein."

„Ich habe keinen Hunger", erwiderte er und folgte gleichwohl seiner Frau.

Vildan Hanım und Rahmi Bey – ein vom Leben geschwächter Mann, der kaum noch für sich selber einstehen konnte, und eine robuste Frau, die leidenschaftlich für die Familie lebte, Kind und Mann schützend an sich zog – ein ungleiches Paar, gut für eine Slapstick-Einlage in einem Stummfilm, doch zugleich auch das Rätsel der Liebe ins Mystische steigernd.

„Ich habe Hühnersuppe", sagte Vildan Hanım. „Wir haben gerade gegessen. Möchtest du einen Teller davon? Sie wird dir schmecken."

„Soll ich uns nicht erst Zigaretten holen?", fragte Rahmi Bey.

„Bloß nicht. Iss lieber deine Suppe." Sanft drückte Vildan Hanım ihren Mann auf seinen Platz am Küchentisch.

Hakans Vater war innerhalb eines Jahres so schmächtig geworden, dass er fast wie ein Kind wirkte. Nur seine Teilnahmslosigkeit wuchs von Tag zu Tag. Wenn man den Stuhl, auf dem er saß, in Brand steckte, ob er es überhaupt bemerken würde?

„Was heißt Piff Paff?", hörte Hakan ihn seine Frau fragen. Nur noch Kleinigkeiten interessierten ihn. Vor großen Fragen fürchtete er sich.

„Was weiß ich! Hört sich nach Glasreiniger an“, beschied die Mutter in ihrer bestimmten Art, die jede leise Vermutung wie gesichertes Wissen erscheinen ließ.

„Meister Piff Paff!“ Rahmi Beys Mund verzog sich zu etwas, das bestenfalls die Imitation eines Lächelns war, ein Muskelzucken ohne ausreichende Verbindung dorthin, wo die Gefühle entstehen, die großen wie die kleinen. Rahmi Bey hatte das Lachen verlernt.

Hakan schlich leise aus der Wohnung.

Aufatmen!

Keine Frage, in der Feinmechanik des Vaters fügten sich die Teile nicht mehr zu einem Ganzen zusammen. Sie schepperten mächtig, hakten an allen Ecken. Und das, dieser Leerlauf, produzierte enorme Mengen von Energie, die in Form von Bewegung freigesetzt werden musste.

Also Ruhe bewahren. Bloß nicht aufbäumen.

Gehen und sich gehen lassen. Das einzig Wahre.

Bodysurfing. Welle auf Welle.

Papas Kopf ist, dachte Hakan im Gehen, wie ein Korb voller Bienen. Er kann nicht schlafen, nicht liegen, nicht sitzen. Es ist, als sei er ein Stück weit abgerutscht in ein Paralleluniversum. Er hört kaum noch zu, schaut hin, ohne zu sehen. Nur die mechanische Fortbewegung seiner Beine, ihr rhythmisches Pendeln um eine gedachte Achse verschafft ihm Beruhigung. Das Summen legt sich. Für eine Weile.

Oft ist Hakan sein Vater auf der Straße aufgefallen, wie er umherlief, ohne etwas von seiner Umwelt wahrzunehmen, tief in Gedanken, in einer Welt für sich allein. Auch Hakan lief gern. Aber bei ihm war das ein anderes Gehen. Er ging, um irgendwo anzukommen. Sein Vater lief, um nirgendwo sein zu müssen.

„Ist das nicht dein Daddio?“, hatte Stephanie neulich gefragt, als sie auf der Parkbank saßen. Hakan hütete sich, mit einer abrupten Drehung einen Blickkontakt zu riskieren. Aus dem Augenwinkel sah er ihn vorbeitappen.

Zum Glück hatte der Vater sie nicht gesehen. Oder gesehen, aber nicht registriert. Irgendwo zwischen Auge und Hirn, zwischen Ohr und Oberstübchen, blieben die Signale in der Leitung stecken. Das sensorische System funktionierte wohl, aber die Kommandozentrale hatte einen Schaltfehler. Stillstand.

Hakan lief die Buttmann ab. Dort, wo die Schaufensterscheibe von innen mit türkischen Zeitungen tapeziert war, hatte sein Vater, nachdem er von der Firma, in deren Kantine er als Koch gearbeitet hatte, entlassen worden war, sein Glück als Gemüsehändler versucht. Doch ihm fehlte der Sinn fürs Geschäftemachen. Nach gut einem Jahr hatte er aufgeben müssen. Mit einem Berg von Schulden. Im Wedding kein Einzelschicksal.

Wedding – ein Stadtteil mit einem Namen, der schräger kaum sein könnte. Im Zweifelsfall findet sich in diesen preußischen Breitengraden immer ein Adliger oder ein Feldherr als Namenspatron. *General Hochzeit?* Ob man mit so einem Namen Schlachten gewinnen konnte außer vielleicht auf dem Schlachtfeld der Ehe? In der Schule hatte es einmal geheißen, ein Adliger namens *Rudolfus de Weddinge* habe ein Dorf unter seinem Namen gegründet, das irgendwann dann von der nahe gelegenen Stadt eingemeindet worden sei. Gereicht es einem Adligen zur Ehre, sein Wappen einem Stadtteil zu überlassen, in dem die Hinterhöfe wie russische Puppen ineinander geschachtelt sind, einem Stadtteil, der einmal eine hübsche Mauer sein Eigen nannte, aber nun, da sie fort war, nichts weiter vorzuweisen hat als grassierenden Zahnverfall: leer stehende Läden?

Über die Jahre ist der Wedding sich erstaunlich treu geblieben: beständig grau. An Sonnentagen rutscht er auf der Grauskala hinunter zum Weiß, *white Wedding* mit palmenumsäumten Boulevards und Olivenhainen in den Hinterhöfen. Und einer Sonne, die an solchen Tagen täuschend echt türkisch wirkt. Zwar scheint sie auf jeden, doch hat ein Lux im Wedding einen höheren Stellenwert als anderswo.

An der Ecke Badstraße beschleunigte Hakan seine Schritte. Wäre doch Serdar bloß mit einem Kunden beschäftigt, sodass er unentdeckt an ihm vorbeikäme!

Doch Serdars Luchsaugen entging nichts. Er wartete an der Tür.

„Wohin so eilig? Nicht mal einen Gruß hast du für deinen Freund übrig?"

„Einen Gruß schon, dann muss ich weiter."

„Na gut, wie wäre es denn mit einem Türkenwitz?"

„Nee, lass mal lieber!"

„Das hab ich mir fast gedacht." Serdar schüttelte den Kopf. „Junge, Junge! Diese Schule verdirbt dich. Oder bist du verliebt?" Er schaute Hakan prüfend an. „Klar bist du verliebt, ich sehe es doch. Du willst ihrer würdig sein, was? Ist es etwa ein deutsches Mädchen?"

Grinsend bejahte Hakan die Frage.

„Bravo!", rief Serdar und gab Hakan einen kräftigen Klaps auf die Schulter. „Ich wusste, dass du es schaffst. Ich bin stolz auf dich. Und? Alles in Butter?"

„Wie meinst du das?", fragte Hakan.

„Bist du schwer von Begriff! Na, du weißt schon, warst du schon dran?"

„Mann, halt deine Klappe!"

„Ich weiß, ich weiß! Man will die Geliebte auf Händen tragen und ist bereit zu warten. Aber irgendwann kommt man doch an den Honigtopf."

„Hast du schon mal?"

„Nicht direkt. Aber ich weiß ganz genau, wie es geht. Wenn es so weit ist, schnappt die Falle sofort zu."

Hakan tat es leid, dass Serdar – ein Gefangener in seinem Imbiss – wohl kaum je eine Chance bei Mädchen hatte.

„Ich kenne das Gefühl. Man ist bis über beide Ohren verliebt und verwandelt sich in einen Mustermenschen. Auch wenn die Angebetete nicht da ist, will man nichts falsch machen. Was würde sie von mir denken?" Anerkennend musterte er Hakan. „Aber man darf nicht überkorrekt sein, Junge! Du hast nichts verbrochen, keinen umgebracht. Oder sehe ich das falsch?"

„Nicht dass ich wüsste."

„Wem soll ein klitzekleiner Witz schaden? Ernst geht die Welt zugrunde. Siehst du diese Glasfront hier, das ist mein Fenster zur Welt. Jeden Tag gehen Hunderte von Menschen daran vorbei. Alle mit ernsten Mienen. Habe ich dir von meinem Projekt zur Rettung der Welt erzählt?"

„Noch nicht."

„Du bist der Erste, der davon erfährt. Bitte, Hakan, behalt es für dich, sonst klaut mir jemand die Idee. Also pass auf. Du glaubst doch nicht etwa, dass ich geboren bin, um bis an mein Lebensende stinkige Döner zu verkaufen."

„Nein."

Serdar beugte sich zu ihm und näherte das Gesicht seinem Ohr. „Ich mache einen Witzladen auf!"

„Einen was?"

„Einen Witzladen! Schick die trüben Tassen zu mir. Ich erzähle jedem einen Witz. Zack! Schon geht es ihm besser. Der Tag ist gerettet, er braucht nicht mit so einer Fratze rumzulaufen. *A joke a day treibt den Frust away.*"

„Meinst du, du findest Kundschaft?"

„Garantiert! Am Anfang nehme ich nicht viel, einen Euro, höchstens zwei. Du bekommst sie weiterhin gratis, weil ich an dir übe. Wer lacht, der entspannt sich, sieht die Dinge lockerer. Die Leute werden freundlicher, umgänglicher, führen keine Kriege mehr."

Hakan lachte.

Da stürmte Hüseyin Bey, Serdars Vater, mit einer Gemüsekiste in der Hand herein. Er war immer im Stress, musste noch dies und das managen. Wie oft wünschte Hakan sich, sein Vater wäre nur halb so geschäftstüchtig wie Serdars und würde halb so viel verdienen wie er.

Hüseyin Bey stellte die Kiste mit Salatköpfen, Zwiebeln, Gurken und Tomaten hinter den Tresen und nahm einen Packen Scheine aus der Kasse.

„Ich geh zu Schimmelpfennig, zu meinem Steuerberater", sagte er. „Er müsste ja nun Schimmelcent heißen."

Er lachte über den eigenen Witz. Doch schon wurde er wieder ernst. „In einer Stunde kommt jemand, der ein Auto kaufen will", sagte er zu Serdar. „Wenn ich bis dahin nicht zurück bin, versorgst du ihn mit einem Tee. Er soll auf mich warten." Und flugs war er wieder draußen.

Stumm schauten die Jungs einander an. Warum bloß, dachte Hakan, konnte sein Vater nicht auch ein bisschen mehr Mumm in den Knochen haben.

Serdar setzte ohne Mühe wieder da an, wo er unterbrochen worden war: „Wenn Forscher das Glücksgenom knacken, wird es ein Leichtes für sie sein, es jedem Unglücklichen einzubauen. Ich halte das für einen Holzweg. Immer glücklich, automatisch, ohne Grund, das kann es nicht sein. Der Mensch muss seinen Willen zum Glück bekunden, indem er etwas dafür tut."

„Was denn?"

„Zum Beispiel, indem er in meinen Witzladen kommt."

Hakan zweifelte.

„Wen habe ich nicht schon alles zum Lachen gebracht! Fälle,

die völlig hoffnungslos schienen. Verbissen, unfreundlich, steif bis zum Anschlag. Mit Witzen habe ich sie von ihrem Trübsinn befreit.“ Er seufzte. „Nur bei deinem Vater beiße ich auf Granit. Ich habe ihm meine besten verabreicht, wahre Juwelen, doch er hatte nicht mal ein müdes Lächeln übrig.“

Hakan nickte.

„Aber okay, ich nehme die Herausforderung an. Für jede harte Nuss gibt es einen Nussknacker aus noch härterem Material. Eines Tages werde ich ihn zum Lachen bringen. Das ist im Moment mein größter Ehrgeiz.“

„Viel Spaß!“, sagte Hakan. „Ich setze auf meinen Vater.“

„Wetten, dass ich deinen Alten zum Lachen bringe? Was gibst du mir, wenn ich es schaffe?“

„Mmh!“ Hakan überlegte einen Moment. „Ich helfe dir zwei Stunden im Laden aus. Jeden Tag – in den Weihnachtsferien.“

„Die beginnen schon eine Woche nach dem Zuckerfest. Das lässt mir nicht viel Zeit. Aber gut, ich nehme an.“

„Und was bekomme ich von dir, wenn du verlierst?“

„Jeden Tag einen Döner. Zwei Wochen lang.“

„Das ist ein Wort. Die Wette gilt.“

3

Hakan hatte gut vierzig Euro von dem Auftritt am Sony Center in der Tasche.

Er vierzig, Daffyd vierzig und Wahib vierzig. Kein schlechter Lohn für ein paar Stunden *Breakdance*.

Das Sony Center war eine Neuentdeckung. Während sie an der Gedächtniskirche viel Konkurrenz von Straßenkünstlern, Porträtmalern und Jongleuren hatten, agierten sie auf dem von Touris nur so wimmelnden futuristischen Innenhof am Potsdamer Platz als Entertainer allein auf weiter Flur.

Die gehobene Atmosphäre unter dem schiefen Segeldach belebte offenbar die Spendierfreude. Sony musste schließlich wissen, wie man den Leuten das Geld aus der Tasche zog.

Tatsächlich zeigten viele der Touristen, die aus schnuckeligen Provinzstädtchen mit Fachwerkhäuschen und aufklappbaren Bürgersteigen in die Hauptstadt kamen, um einmal in ihrem Leben etwas Aufregendes zu erleben, ein Herz für die Getto-Kids und ließen mitunter sogar einen Schein springen.

Daffyds Lächeln konnte Steine erweichen, Hakans schwarze Locken ebenso. Der absolute Publikumsliebling aber war Wahib als der rappende Mohr aus dem Morgenland. Eine Wonne, ihm beim Tanzen zuzusehen! Er kippte fast aus seinen monströsen Nikes, als er nach seinem Solo-Spin einen Zwanzigeuroschein in der Sammeldose fand. In der Adventszeit dreht sich die Erde andersherum. Und doppelt so schnell.

Spins, Floats, Flips und Crabs – die Jungs waren gut drauf und die Zuschauer nicht minder. Das Publikum wechselte ständig, frisches Fleisch drängte sich nach vorn. Nur ein vages Anstandsgefühl hinderte sie daran, nach der dritten Runde weiterzumachen um restlos abzuräumen.

Hakan war zufrieden, die beiden anderen auch. Sie saßen auf ihrer Bank am Nordufer des Schifffahrtkanals und nun beschien sie auch noch, völlig unerwartet an diesem Dezembertag, die Sonne. Perfekt! Die Wange zur Sonne hin fühlte sich wohlig warm an, die andere blieb eiskalt. Daffyd war darauf und dran, seine Mütze kurz abzusetzen, um seinem Haar ein paar Strahlen zu gönnen. Doch schließlich ließ er das doch.

Diese Bank war ihr Lieblingstreffpunkt. Hierher kamen sie zu Lagebesprechungen. Damit sie nicht von anderen besetzt wurde, hatten sie die Holzleisten mit Warnungen gespickt, die, gesprüht wie geschnitzt, deutlich machten, mit welchen Konsequenzen jemand, der sich dort niederließ, zu rechnen hatte. Ein Totenkopf zierte die Lehne, zackige Blitze schlugen ein, Flammen loderten. Von Dolchen troff Blut. Doch noch eher als diese unmissverständlichen Drohungen war es wohl der verwahrloste Zustand der Bank, der die Leute davon abhielt, ihren wertvollsten Teil darauf zu platzieren. Der Sitzfläche fehlte eine Planke, ein Ende der Lehne war verkokelt. Das war schon vor ihnen so gewesen. Offenbar hatte die Bank früher einmal als Thing-Platz gedient für eine Jugendbande, die mittlerweile in die Jahre gekommen war.

Auf jeden Fall konnten Hakan, Daffyd und Wahib sicher sein, dass der Wirt des Kanalufers, der Wassergeist, ihnen den Stammplatz stets reserviert hielt. Erst recht an Wintertagen wie diesem.

Wahib fächelte sein Gesicht mit dem Zwanzigeuroschein. „In Somalia muss man zwei ganze Monate dafür arbeiten“, sagte er. „Jetzt weiß ich, warum meine Eltern mich damals in Khartoum in ein Flugzeug gesetzt haben.“

Khartoum *Hauptstadt der Republik Sudan*

Mit einer abgewetzten Reisetasche als einziger Begleitung. Vor drei Jahren war er als minderjähriger Flüchtling in Tegel eingetroffen. Obwohl zwei Jahre älter, ging er in Hakans Klasse.

„Was machen wir bloß mit dem ganzen Geld?“, fragte Hakan.

„Ich kaufe mir einen Satz CDs“, sagte Daffyd, „vielleicht ein Fahrrad. Ein paar coole Klamotten.“

„Du hast schon ein Fahrrad“, sagte Wahib.

„Ein Rennrad vielleicht!“, meinte Hakan. „Wenn das Geld alle ist, gehen wir zum Potsdamer Platz. Das ist eine Goldgrube.“

„Wieso erst, wenn das Geld alle ist? Ich schlage vor, dass wir schon morgen wieder hingehen.“ Wahib steckte den Schein in seine Hosentasche, die groß wie ein Kartoffelsack war. „Hier passen noch mehr davon rein.“

„Meine ich auch“, stimmte Daffyd ihm zu. „Warum so luschig? Wollt ihr das große Weihnachtsgeschäft verschludern? Der Weihnachtsmann kommt erst in einem Jahr wieder.“

„Weihnachten oder kein Weihnachten“, sagte Hakan. „Am Potsdamer Platz ist immer Highlife. Von mir aus können wir jeden Tag hingehen. Nur noch eine Woche, dann sind Ferien.“

In dieser gehobenen Stimmung betrachteten die Jungs nun ein helles Haus am Ufer, in dem es unlängst unten eine Kneipe gegeben hatte, eine Kaschemme für seriöse Trinker, die ihr Hobby zum Beruf gemacht haben. *Meister Tippel* stand in dem Kasten über der Tür. Links von der Schrift warnte ein Hammer mit funkelnden Sternen die Besucher vor dem, was sie drinnen erwartete. Ein wahres Narkosestübchen, ein Ort des totalen Blackouts, wie man ihn nur im Wedding findet. Oder in Lynchburg, Kentucky. Egal, ob Doppelkorn

Kaschemme *Kneipe, Schenke*

oder Jack Daniel's, Hauptsache, es zieht dir die Socken aus. Und das nicht zu zaghaft. Jetzt aber hatte die Kneipe zugemacht. Es hieß, der Betreiber, der sich angewöhnt hatte, bei jedem Glas, das er ausschenkte, auch sich selbst einen zu genehmigen, sei an Leberzirrhose gestorben. Quer über der Eingangstür klebte ein roter Papierstreifen: *Zu vermieten. Benz Immobilien.* Mit Telefonnummer.

„Ruf doch mal an!“, sagte Wahib zu Daffyd.

„Anrufen? Wieso?“

„Einfach so. Als wärst du interessiert.“

„Soll ich?“ Daffyd schaute sie grinsend an.

„Ja, mach doch mal!“, sagte auch Hakan.

„Ich brauch die Nummer.“

„Ich hole sie dir.“ Schon war Wahib aufgesprungen. Er ging zum Haus und schrieb die Nummer ab. „Hier! Acht-Acht-Vier ...“

„Acht-Acht-Vier ...“

Den Rücken zu den anderen gewandt, damit sie ihn nicht zum Lachen brachten, sprach Daffyd in sein Handy: „Ja, Olschewski. Ich interessiere mich für das Objekt Nordufer 10. Ist es noch ... Ja, ich warte.“

Er deckte den Hörer mit einer Hand zu. Eine weibliche Stimme imitierend sagte er: „Herr Benz spricht gerade auf der anderen Leitung.“

Dann ein Knattern.

„Guten Tag, Herr Benz. Olschewski. Ich hätte gern eine Auskunft über das Objekt Nordufer 10 ... Nein, nicht die Wohnung im dritten Stock, die Kneipe unten ... Wie, noch zu haben? ... Zwei Säle, ein Clubraum hinten ... Zwanzigtausend Euro und ein paar Zerquetschte ... Doch, ja, echt günstig. Und eintausend Euro Monatsmiete ...“

„Das ist geschenkt!“, rief Wahib.

Daffyd knuffte ihn in die Seite.

„Die Ausstattung und alles in Ordnung? Na prima! Klar, renovieren muss man immer, schließlich will man ja ... Besichtigungstermin? Ich muss erst mal mit meinen Partnern reden. Wir haben da noch ein paar andere Objekte im Auge ... Ja, im Prinzip schon ... Ich melde mich wieder bei Ihnen ... So bald wie möglich ... Danke ... Ihnen auch.“

Kaum hatte Daffyd auf den roten Knopf gedrückt, prusteten die drei los.

„Echt gut, Alter!“ Hakan versetzte Daffyd einen herzhaften Schlag auf die Schulter. „Wenn ich dich nicht vor mir sähe, hätte ich schwören können: ein seriöser Geschäftsmann.“

„Bin ich ja auch“, sagte Daffyd. „So uninteressant ist das nicht. Bei dem Preis!“

„Das ist geschenkt!“, wiederholte Wahib. „In Kreuzberg, Friedrichshain, Mitte zahlt man das Dreifache.“

„Hier, gleich über die Brücke, am Prenzelberg noch mehr“, meinte Daffyd. „Der Wedding ist eben nicht in. Wer will schon in den Wedding?“

„Sogar die Weddinger gehen woanders hin, wenn sie einen draufmachen wollen“, sagte Hakan. „Was gibt es hier schon? Nur Proleten-Schuppen und Döner-Imbisse.

Wie in Kreuzberg vor dreißig Jahren. Man müsste da irgendwas machen.“

„Was denn?“, fragte Daffyd.

„Na ja, was mit Fuß und Hand. Ein Programmcafé, wo junge Leute hinkommen und das finden, was sie suchen. Coole Musik, Rap, Breakdance und all das. Was uns gefällt.“ Wahib hatte in den drei Jahren richtig gut Deutsch gelernt, verwechselte aber die Reihenfolge bei Ausdrücken mit einem Substantivpaar. Bei ihm hieß es: mit Recht und Fug, Kragen und Kopf, Kopf über Hals, im Ganzen und Großen. Dabei blieb er. Es war bestimmt nicht einfacher, immer den richtigen Dreh draufzuhaben und konsequent alles umzukehren.

Hakan sagte: „Die Idee ist nicht mal so schlecht. Ich meine, wenn du wüsstest, irgendwo, sagen wir in Lenkwitz, gibt es so ein Café, wo man deine Musik spielt, wo Leute hinkommen, die du magst, würdest du da nicht hingehen?“

„Klar doch!“, sagte Daffyd. „Dafür würde ich sogar nach Rudow oder Hellersdorf gehen. Ich schrecke vor nichts zurück.“

„Wir könnten das machen. Wir wissen, was angesagt ist“, meinte Wahib.

„Zwanzigtausend Euro“, sagte Daffyd, „das ist ein Klacks. Heute haben wir hundertzwanzig Euro verdient. Wenn wir viermal die Woche auftreten, kommen fast fünfhundert zusammen. In einem Jahr haben wir die Knete.“

„Sagen wir vorsichtshalber in zwei“, korrigierte Wahib.

„Meint ihr wirklich?“ Hakan zögerte. „Denkt doch mal ...“

„Hey! Ich arbeite nur mit Leuten zusammen, die Mumm haben. Nicht mit ewigen Zweiflern“, sagte Daffyd, der aufgestanden war, um sich frontal vor Hakan zu stellen. „Ich mag keine Ja-aber-Leute. Hast du Lust oder nicht?“

„Doch, schon! Aber ...“

„Nichts aber. Alles andere findet sich. Die Idee ist große Klasse!“

Langsam ließ sich auch Hakan von ihrer Begeisterung anstecken. „Wir machen einen Werbezettel: Wedding Boys. Im doppelten Sinn. Treten bei Hochzeits- und Beschneidungsfesten auf. Firmenfeiern, Geburtstagen. Wahib, du bist sechzehn, nicht wahr?“

„Ja!“

„In zwei Jahren bist du also achtzehn.“

„In eineinhalb.“

„Umso besser“, rief Daffyd. „Na bitte, passt doch alles zusammen. Wo ist da die Schwierigkeit? Du holst die Lizenz. Wir machen das offiziell unter deinem Namen. Bist du immer noch staatenlos? Oder hast du endlich die Pappe?“

Pappe *Ausweis (umgangssprachlich)*

„Seit einer Woche. Hier in der Tasche.“ Wahib grinste stolz.

„Zeig!“

Mit dem deutschen Pass ist es so eine Sache. Den einen wird er in die Wiege gelegt, sie werden praktisch mit dem Ding in der Hand geboren. Andere müssen dafür durch Feuerreifen springen.

„Tettereee!“ Feierlich zog Wahib seinen Ausweis aus der Gesäßtasche. Daffyd nahm ihn und tat, als würde er sich damit den Hintern wischen.

„Die Jugend von heute! Wie respektlos!“ Hakan hob die Hände zum Himmel.

Kritisch prüfte Daffyd Wahibs Konterfei. „Ich habe meinen nie dabei. Hast du keine Angst, ihn zu verlieren?“

Konterfei
Bild, Porträt

„Was meinst du, wie oft ich angehalten werde? Gerade nach diesem blöden Ding in New York. Ohne Ausweis werde ich gleich einkassiert. Freie Kost und Logis? Nein danke!“

Kost und Logis
Verpflegung und Unterkunft

„Perfekt!“, rief Hakan. „Dann können wir die Sache wirklich in zwei Jahren durchziehen. Wie nennen wir unser Café?“

„Das hat Zeit“, meinte Wahib. „Uns wird schon was einfallen.“

Lange bastelten sie an ihrem Plan und kamen dabei immer mehr in Fahrt. Im Grunde wussten sie alle drei, was für eine Spinnerei das war, sprachen es aber nicht aus, weil das Spinnen Spaß machte.

Mitten in diese euphorische Stimmung hinein klingelte Daffyds Handy.

euphorisch
begeistert

„Hi“, hauchte er ins Mikrophon. „Nathalie?“ Dann aber wurde er ernst.

„Wer ist da?“, fragte Hakan.

Die Hand über dem Hörer flüsterte Daffyd ihnen zu: „Benz.“

Die anderen brauchten eine Weile, bis der Groschen fiel.

„Korrekt!“, sagte Daffyd souverän. „Das finde ich in Ordnung. Wir werden das großzügige Angebot bei unserer Unterredung berücksichtigen. Es wird zweifellos dienlich sein beim Ausräumen etwaiger Zweifel, die seitens meiner Partner aufkommen könnten. Zu gegebener Zeit melde ich mich wieder bei Ihnen."

Er machte das Telefon aus. Vermeintlichen Schweiß von der Stirn wischend stöhnte er: „Er hat Blut geleckt."

Tatsächlich hatte dieser Benz inzwischen mit dem Eigentümer gesprochen und ihn überredet, auf die übliche Kaution von drei Monatsmieten zu verzichten. Und es kam noch doller: Der Eigentümer würde für die ersten drei Monate, die sie für die Renovierung brauchten, keinen Cent Miete verlangen.

„Meine Güte!", rief Hakan. „Offenbar ist es so gut wie unmöglich, hier etwas zu vermieten."

Die Kneipe lag nach Süden, bekam ganztags Sonne. Die Fensterscheiben blinkten.

„Trunken von Sonne", bemerkte Hakan.

„Aber voll!", bestätigte Wahib.

„Ugh! Der Dichter hat gesprochen." Daffyd kannte Hakans gelegentliche Schwäche für Gedichte. „Und wie geht es weiter?"

„Das ist von Nâzım", sagte Hakan. Der Name sagte den anderen nichts. So musste er erklären, dass Nâzım Hikmet ein großer Dichter war, der mit Pablo Neruda, Picasso und anderen Größen seiner Zeit Freundschaften pflegte, wegen seiner politischen Überzeugung den Großteil seines Lebens im russischen Exil verbringen musste und dessen Gedichte jetzt, nach all den Jahren des Verbots, in der Türkei und gar in einigen Bundesländern in die Schulbücher aufgenommen wurden. Die UNESCO hatte sogar das Jahr 2002 zum Nâzım-Hikmet-Jahr erklärt.

„Das Gedicht heißt *Lied der Sonnentrinker*", sagte Hakan zum Schluss.

„Ich hab's!", rief Wahib plötzlich. „Café Sonnentrinker!"

„Nicht schlecht“, meinte Daffyd. „Aber hört sich ein bisschen nach Reiseagentur an. Sonnentrinker-Tours. Ich weiß nicht. Etwas Schrägeres wäre mir lieber.“
Wahib: „Was denn zum Beispiel?“
„Was mit Gegensätzen: heildunkel, spitzrund, bittersüß. Etwas konkret Schwammiges sozusagen. Leicht und schwer zugleich? Genau! Wie wäre es mit: Iron Butterfly?“
Wahib: „Iron Butterfly? Hmm.“
Das war eine Rockgruppe von Ende der Sechziger. Sibylle, Daffyds Mutter, hatte ein Regal voller eingestaubter Platten aus der Zeit. „*In-A-Gadda-Da-Vida*, im Garten des Lebens, heißt sie. Oh!“ Daffyd griff nach seinem Handy. Es klingelte schon wieder.
„Benz?“, flüsterte Wahib. Alle hatten an Benz gedacht.
„Tag, Olschewski am Apparat“, sagte Daffyd mit seiner Geschäftsmannstimme. Dann eine Pause. „Oh, du! Klar bin ich es, wer denn sonst?“
Er deckte den Hörer mit einer Hand zu. „Nathalie!“
Hakan und Wahib mussten sich lange anhören, wie er ins Mikrophon hauchte: „Ja ... Finde ich auch ... Klar ... Aber nein ... Jederzeit ... Wollt ich auch gerade sagen ...“
Irgendwann stand er auf. Wie in Trance ging er zum Ufer, mit seinem Handy verschmolzen, und schritt auf und ab.
Als er dann endlich zurückkam, hatte er es eilig. „Ich muss los! Ich rufe euch später an. Ciao!“
Weg war er.

4

Kurz nach Daffyd verdünnisierte sich auch Wahib. Hakan blieb noch eine Weile auf der Banklehne sitzen, um die Sonne zu genießen. Wer weiß, wann er wieder Gelegenheit dazu haben würde.

Daffyd und Nathalie aus der Parallelklasse kannten sich schon länger, waren aber erst seit zwei Monaten zusammen, seit der Klassenfahrt.

Zwei bastelfreudige Lehrer, Döring und Grossmann, hatten bei einer Versteigerung einen ausrangierten BVG-Bus gekauft und ihn wieder flottgemacht. Die Schüler durften ihn anmalen, wild mit verrückten Figuren aus *Der Herr der Ringe*. Gollum, Gandalf und Orks schmückten die Seiten, auf denen zuvor für Hustenbonbons geworben worden war. Mit diesem Bus waren sie zur Ostsee gefahren. Jungfernfahrt.

Mit geschlossenen Augen die unerwartete Dezembersonne genießend, kehrten Hakans Gedanken wie so oft zu den Ereignissen damals zurück. Es war schon Ende September gewesen, aber dennoch hatten sie ein prima Wetter. Wenn die Sonne schien – das tat sie oft, wenn auch nicht ständig –, fühlte man sich richtig wie im Sommer. Deckte auch nur eine Wolke sie für wenige Minuten zu, wurde es rasch kühler. Hakan konnte sich nicht schnell genug an- und ausziehen. In der Türkei würde man sich mit so was niemals zufrieden geben, doch hier genoss man, sobald sich die Sonne zeigte, jeden Strahl, drehte ihr dankbar mal die eine, mal die andere Hinterbacke hin.

Die in kleinen Scharen den Wellen folgenden Strandläufer störte das nicht. Aber sie mochten offenbar keine nassen Füße. Erreichte eine Welle den Strand, trippelten sie flink bis haarscharf an die Spülgrenze. Wenn sich die Welle zurückzog, eilten sie ihr hinterher und pickten blitzschnell die angeschwemmten Muscheln und Schnecken aus dem Sand – *fast food*. Bis auf das Picken harmonierten ihre Bewegungen, als wäre die Schar ein einziger Körper. Ulkige Vögel! Stundenlang konnte Hakan ihnen zuschauen. Ob sie wussten, wie verschroben sie aussahen? Aber auch das war denen wahrscheinlich egal. Zumindest taten sie so.

Wahib durfte damals Berlin nicht verlassen, weil sein Asylverfahren noch lief. Von den türkischen Schülern der Klassenstufe fuhr außer Sedat und Ümit nur Hakan mit. Die anderen waren sich zu schade dazu. Einige wären wohl gern mitgekommen, aber der Gruppenzwang hielt sie davon ab. Da hätten sie schwer wieder gutzumachende Punkte verloren. Typisch!

„Was? Zur Ostsee?“, hatte das Großmaul Süha gerufen. „Ich fahre doch nicht nach Ossiland. Da kriegt man doch nur eins übergezogen.“ Damit prägte er die Stimmung.

Nichts dergleichen passierte. In der Regel geschehen solche Dinge nicht dann, wenn man sie erwartet. Sie kommen überraschend. Das macht sie schlimmer.

Der Ortskern am Bodden war recht hübsch mit seinen roten, unter Rietdächer geduckten Klinkersteinhäuschen, aber wie ausgestorben. Der Ortsteil zur See hin war belebter. Hinter dem Strand begann der Wald mit einer Reihe dunkler Kiefern, deren Spitzen beim Sonnenschein in warmem Gelb leuchteten. Holzstufen führten über grasbüschelbewachsene Dünen zu geheimnisvoll dunklen Waldwegen: Sandweg, Hagebuttenweg, Farnweg, Sandweg, Wurzelweg.

Der Wurzelweg machte seinem Namen alle Ehre, überzogen wie er war von einem verknoteten Geflecht knorriger Wurzeln. Mittelerde! Schon am ersten Tag machten Hakan, Daffyd, Stephanie und Nathalie dort einen Erkundungsgang. Der Pfad gab unter ihren Schritten nach, zu beiden Seiten gluckste und glubberte Schwarzwasser. Hier und da stiegen Luftblasen an die Oberfläche, auf der sich Farninseln gebildet hatten. Umgestürzte Bäume, ausgeblichen wie Skelette, ragten bizarr, die Stümpfe umkämpft von allerlei Grünzeug.

„Ob man über die Köpfe der Moorleichen bis zum anderen Ende laufen kann?“, fragte Nathalie.

Daffyd wagte den ersten Schritt. Er war enttäuscht, dass er nur bis zu den Knöcheln versank. „Hier liegt eine Leiche neben der anderen“, klagte er.

Da lief auch Hakan hinein. Stephanie und Nathalie mussten hineingezerrt werden. Doch einmal drin, wollten sie nicht wieder heraus.

Beendet wurde dieses Abenteuer schließlich von einem plötzlich anrückenden Schwarm Mücken. Genau besehen waren das keine Mücken, sondern Flugangriffskörper, eine vervollkommnete Mutation der Kampfmaschine Mücke. Sie gingen strategisch vor, peilten Körperteile an, die ihre Opfer mit den Händen nicht erreichten. Wohl wissend, dass ein Mensch nur zwei Hände hat, unternahmen sie kombinierte Attacken in Schwadronen.

„Au! Au!“, schrien die Angegriffenen und vollführten eine Art Voodoo-Tanz, bei dem sie sich mit ihren Handflächen rhythmisch an Beine, Arme, Rücken und Wangen klatschten.

Sicher waren die Viecher von der Naturschutzbehörde eigens trainiert, um Leute zu vertreiben, die leichtsinnig vom Weg abwichen. Sie verfolgten die Eindringlinge bis zur Düne.

Trotz der Mücken war die Wanderung durch das Moor ein tolles Erlebnis gewesen. Darin stimmten alle vier überein.

Beach Party, zwei Tage lang. Am Nachmittag des dritten

Tages, ihrem letzten, entschloss sich der Himmel zu einem einzigartigen Spektakel. Ein heranziehendes Gewitter teilte ihn genau in der Mitte. Die eine Hälfte war fast anthrazit, in der anderen schien grell die Sonne. Hakan saß mit den anderen auf dem puderzuckerfeinen Sand und beobachtete dieses irre Lichtspiel. Möwen flimmerten als weiße Punkte, weißer als weiß, am nahezu schwarzen Himmel. Die scharfe Lichtgrenze auf dem Strand fraß sich unaufhaltsam in die Sonnenseite und die Sonnenanbeter wanderten mit. Die Schattenseite überließen sie den Strandläufern und Möwen, die mit aufgeregtem Geschrei ihr Territorium zurückeroberten.

Zuletzt war eine kleine Truppe an einem Stück Strand ohne Menschen angelangt.

„Wollen wir nicht ins Wasser?“, fragte Thomas.

Nora steckte einen Zeh hinein. „Iiii! Wie kalt!“

„Wenn man einmal drin ist, geht es“, meinte Daffyd.

„Umso mehr friert man, wenn die nasse Badehose am Körper klebt.“ Das war Stephanie. Sie sah aus, als sei sie Jessica Albas Zwillingsschwester.

„Ziehen wir sie halt aus“, schlug Nathalie vor.

Das war nur so dahergesagt und alle schienen erst etwas ratlos. Aber keiner sagte etwas dagegen. Hier war der Strand weit und breit leer und die Versuchung, diese Klassenfahrt mit etwas wirklich Einmaligem abzurunden, lockte. Manchmal ist es so: Jemand kommt mit einer völlig abwegigen Idee, und das wird am Ende tatsächlich gemacht, weil keiner den Mut hat, etwas dagegen zu sagen. Bevor Hakan sich versah, hatten alle ihre Badehosen ausgezogen, auch die Mädchen. Mit nackten Hinterteilen und ebenso entblößten Brüsten rannten sie schreiend ins Meer. Schon hüpften und kreischten sie im kalten Wasser.

„Hör auf! Hör auf!“ Nathalie drehte Daffyd, der sie mit Was-

ser bespritzte, den Po zu. Beschämt schaute Hakan weg.
Sie schwammen hinaus. Bis zum Strand hörte man sie lachen und schreien. Genauso schnell kamen sie zurück. Hakan stand allein da.
„He, was ist denn los mit dir?"
„Komm doch rein. Es ist gar nicht kalt."
„Mann, bist du aus Zucker?"
„Hakan, sei kein Frosch."
Sie standen im Flachen und redeten auf ihn ein.
„Hakan will seine Badehose nicht ausziehen", sagte Nora. „Er hat wohl Angst, dass wir seinen Butzemann sehen."
Alle lachten.
Hakan wusste nicht, wie er reagieren sollte, ohne das Gesicht zu verlieren. Wegrennen kam nicht infrage. Kälte stieg in ihm hoch.
„Ich friere!", sagte er.
Das half nicht. Die Bande lief auf Hakan zu.
„Oder hast du gar keinen, Hakan?"
„Ist dem Beschneider die Hand ausgerutscht?"
„Zeig ihn, wenn du ...!"
Hakan war umzingelt von der jetzt völlig überdrehten Meute. Alles kicherte und gackerte.
„Ist er ganz weg? Oder nur die Hälfte?"
Es kam, wie Hakan befürchtet hatte. Ausgerechnet Daffyd war es. Nicht aus Bosheit, eher aus dem Wunsch, ein schönes Erlebnis mit seinem besten Freund zu teilen. Und aus Albernheit.
„Mann! Seit wann bist du so prüde?" Daffyd ließ sich auf die Knie fallen und zog Hakan blitzschnell die Badehose herunter.
Genauso blitzartig spürte Hakan Wut in sich aufsteigen. Alles Blut schoss ihm in den Kopf. Mit einer Hand zog er seine Badehose hoch, mit der anderen langte er zu, mitten

in Daffyds Gesicht. Zum Glück streifte seine Faust nur Daffyds rechte Wange, aber mit solcher Wucht, dass ihm die Fingergelenke wehtaten.

Daffyd fiel nach hinten. Er richtete sich auf, schaute Hakan verdutzt an und ging jäh auf ihn los.

Im Nachhinein war Hakan klar, dass Daffyd nicht ernstlich zurückschlagen wollte. Er hatte nur versucht, einem zweiten Fausthieb vorzubeugen. Er hielt Hakan umklammert, der wild um sich schlug, beide purzelten sie zu Boden und rollten ineinander verknäult mit hochroten Köpfen im Sand.

„Hört auf! Hört sofort auf!"

„Mensch, seid ihr verrückt geworden?"

„He, was soll das?"

In der Hitze des Gefechts konnte Hakan nicht ausmachen, zu wem die Stimmen gehörten. Mit Mühe trennte man sie schließlich. Hakan schnaubte wie ein kampflustiger Stier. Daffyd spuckte Sand.

Da ergriff Hakan sein Badetuch und rannte so schnell er konnte zum Schullandheim.

Manchmal fängt etwas blöd an und geht gut aus. Bisweilen aber fängt es gut an und geht blöd aus. Bis zu jenem Vorfall war die Klassenfahrt perfekt verlaufen. Warum musste sie verquer enden?, hatte sich Hakan auf der Rückfahrt nach Berlin im Bus gefragt.

Unterwegs hatte es zu regnen begonnen – ein Nieseln, das immer heftiger wurde, schließlich goss es aus vollen Kannen. Eine stürmische Böe bog die Spitzen der Pappeln am Straßenrand tief herab zum Boden. Sie peitschte gegen die Frontscheibe, Regentropfen schnellten darauf empor, als gäbe es keine Schwerkraft mehr.

Hakan hatte sich allein in die hinterste Reihe gesetzt. Sein

Platz neben Daffyd blieb leer. Döring war die Küstenstrecke entlang und bei Rostock auf die Autobahn gefahren, als Stephanie plötzlich nach hinten kam und sich zu ihm setzte.

„Hakan, es tut mir leid. Echt. Das war blöd."

„Ist schon gut!", murmelte Hakan beleidigt.

Sie blieb. Schweigend saßen sie nebeneinander. Anfangs war das Hakan unangenehm, doch stellte sich nach und nach ein unerwartet positives Feeling ein. Erstaunlich, wie zwei so ausdauernd schweigen und sich dabei wohlfühlen können.

Nach dem Motto, Gedanken sind frei, sie kosten ja nichts, schwelgte Hakan darin: Nie ließe ein türkischer Mann zu, dass seine Frau ihre intimen Körperteile in der Öffentlichkeit zeigt, und wäre er noch so verwestlicht, gebildet und tolerant. Nie würde er mit baumelndem Teil am Strand spazieren gehen. Richtig oder falsch, so ist er erzogen. Nacktheit ist verpönt, nicht mal Kleinkinder dürfen nackt spielen. In Deutschland dagegen, mehr noch in den skandinavischen Ländern, ist sie etwas Natürliches. Keiner geilt sich daran auf.

„Das sind eure Schätze", sagen türkische Mütter zu ihren Töchtern. „Achtet gut darauf!" Eine Frau muss bei der Heirat Jungfrau sein. Passiert doch etwas, verheimlicht man den Schandfleck und einige lassen gar die beschädigte Jungfernhaut von Ärzten zusammenflicken. In Deutschland bemitleidet man Mädchen, die ihre Jungfernhaut nicht schnell genug loswerden. Gegensätze, wie sie krasser kaum sein könnten. Was Nacktheit, Körperlichkeit und Sexualität angeht, klaffen die Welten am weitesten auseinander.

Gibt der Mensch etwas von sich weg, wenn er sich nackt sehen lässt, wenn er mit einem anderen Menschen schläft – etwas, das er nie wieder zurückbekommt? Wie ist das, sich für einen Menschen zu entscheiden und daran festzuhalten? Kann man bei gesundem Menschenverstand jemandem ewige Treue versprechen?

Doch konnte Hakan sich vorstellen, einer Frau unter bestimmten Voraussetzungen zwar nicht für ewig, aber doch für eine unendlich lange Zeit treu zu sein. Zum Beispiel, wenn sie aussah wie die Zwillingsschwester von Jessica Alba und so wunderbar intensiv schweigen konnte. Das würde ihm gar nicht mal so schwerfallen.

Gedanken sind frei, doch Stephanie konnte sie wohl lesen. Denn genau in diesem Moment legte sie, wie um Hakans vage, hirnrissige Vorstellungen zu ermutigen, ihre Hand in seine. Sie waren an Neustrelitz vorbei. Stephanies Hand fühlte sich weich, aber nicht willenlos an, Hakan hielt das kostbare Versöhnungsgeschenk dankbar und fest. Bis Berlin.

Selten, viel zu selten, endet etwas, das gut begonnen hat und blöd auszugehen droht, doch schließlich gut.

So hatte das mit Stephanie angefangen.

5

Rahmi Bey saß vor der laufenden Kiste und blickte haarscharf daran vorbei. Nicht mal die Quizsendungen im türkischen Fernsehen interessierten ihn mehr. Hakan setzte sich neben seinen Vater auf das Sofa.

„Wo warst du?“

Wie bitte? Hatte da wer gesprochen?

„Ich habe gefragt, wo du warst.“

Na also. Er hatte es doch nicht verlernt. „Am Potsdamer Platz.“

„Was hast du da gemacht?“

„Getanzt.“

Hakan lehnte sich zurück.

„Getanzt? Willst du Bauchtänzer werden?“

„Papa, das ist nicht der Tanz, den du kennst. Das ist *Breakdance*. *Rap*. Du verstehen?“

„Tanz ist Tanz. Ich dachte, du bist bei der Schülerhilfe.“

„Brauch ich nicht.“

„Wer braucht es dann? Ich etwa?“

„Ich komme gut klar in der Schule. Ich schaffe mein Abi, mach dir mal keinen Kopf.“

Hakan stand auf. Was für eine Wohltat, wenn Väter nicht reden! Wenn sie glauben, es gelegentlich doch tun zu müssen, kommt so was dabei heraus.

„Zieh dir mal die Hose hoch. Du verlierst sie ja.“

„Ach, was verstehst du davon!“

„Wie kannst du so herumlaufen? Man denkt, du stolperst jeden Augenblick über deine Beine. Der Hosenboden hängt in den Kniekehlen. Schau *dich* mal im Spiegel an.“

„Schau du dich mal im Spiegel an. Soll ich so rumlaufen wie du?“

Rahmi Bey stellte sich tatsächlich vor den Spiegel. „Was ist mit mir?“

„Eine passendere Frage wäre: Was ist mit dir nicht? Du läufst rum wie Charlie Chaplin.“

„Hakan!“, rief da seine Mutter verärgert aus der Küche. „Bringst du den Müll runter?“

Hakan verließ das Zimmer und schlug die Tür hinter sich zu.

Die Signale, die Hakan aussandte, waren mehr als widersprüchlich, seine Gefühle auch. Manchmal fühlte er sich wie ein kleiner Junge, der seine Streicheleinheiten wollte. Dann legte er sich aufs Sofa, die langen Beine über der Lehne, den Kopf auf Mutters Knie und ließ sich ungeniert den Schädel kraulen. Das entspannte ungemein. Allerdings kam das immer seltener vor. Viel häufiger passierte es, dass er auf eine harmlos kleine Frage rasierklingenscharf reagierte und niemanden an sich heranließ. Sein Bedürfnis nach Nähe und zugleich Distanz war verwirrend für alle, auch für ihn selbst.

„Genau wie bei Daffyd!“, sagte Sibylle, als seine Mutter sich einmal in seiner Anwesenheit darüber beklagte. „Die Hormone spielen verrückt.“

Das gefiel Hakan gar nicht. Man sprach über ihn, als wäre er ein Hormonkalb oder ein durchgeknalltes Rindvieh. Aber so redeten die!

Halt mich fest! Lass mich los! Hakans Eltern, denen man in Erziehungsfragen bestimmt kein Übermaß an Sensibilität vorwerfen konnte, wussten mit solchen Mischsignalen ihres Sohnes wenig anzufangen. Sie gingen damit so behutsam um wie mit einem Kleiderbügel. Nur von seinen Freunden fühlte Hakan sich verstanden, aber auch nicht von allen. Die Liste, von Daffyd und Wahib angeführt, verzeichnete danach nur noch wenige, häufig wechselnde Einträge und reichte bei Weitem nicht für die Top Ten aus. Auch mit D & W war er nicht immer einer Meinung. Echte Flashs sind eben selten.

Mit der Mülltüte in der Hand polterte er die Treppe hinab. *Zur Schülerhilfe?* Papa hatte sie wohl nicht alle! Hakan kam ohne Hilfe klar. Was wusste der schon von Schule?

Zurzeit standen die Lehrer Kopf wegen dieser komischen Pizza-Umfrage. Sie heißt anders, klingt aber so besser. Man hat – guten Morgen! – herausgefunden, dass etwas faul ist an der deutschen Schule. Das hätten sie von Hakan billiger haben können. Er hatte es schon immer krass gefunden, dass man gleich nach der Grundschule in verschiedene Schulen zugeteilt wird, wohl um die Spreu vom Weizen zu trennen. Die Spreu: Das sind hauptsächlich die ausländischen Schüler. Wer aus Angst, *derdiedas* durcheinander zu bringen und als Klassendepp ausgelacht zu werden, sich nicht traut, den Mund zu öffnen, landet flugs in der Sonderschule. Ein Glück, dass Hakan von Anfang an Unterstützung bei Daffyd, Sibylle und einer Klassenlehrerin wie Moni gefunden hatte. Jetzt, wo er sich der Oberstufe näherte mit ihren Wahlfächern, Pflichtfächern, ersten und zweiten Wahlpflichtfächern und mit einem komplizierten Bewertungssystem, hatte er manchmal das Gefühl, dass nicht mal die Lehrer noch durchblickten. Wie denn erst *Mom 'n Dad & Co. KG*?

In Deutsch stöhnten nicht nur die Kanaken. Auch die wilden Eingeborenen brauchten bei den Grammatikregeln oft lange, bis alles durch die Leitung getickt war. Manchmal fragte Daffyd Hakan: „He, was soll das denn heißen? Ich kapiere kein Wort."

Insgesamt jedoch juckten Hakan diese Dinge eher wenig. Seine Schwester Serap konnte sich furchtbar darüber aufregen. Als Klassensprecherin wollte sie den Wirbel um die

Pizza-Studie nutzen, um Verbesserungsvorschläge und einen Forderungskatalog zu erstellen. Ihm wäre für so etwas seine Zeit zu schade.

Der Hof war durch einen Maschendrahtzaun vom Nachbarhof abgetrennt. Hakan stellte sich oft vor, der Zaun sei die Grenze zwischen Erster und Dritter Welt. Hier reichlich Gerümpel, sogar eine ausrangierte Badewanne und drüben alles wie geleckt. Die Bewohner des Nachbarhauses, eines hässlichen Neubaus, legten großen Wert darauf, dass es bei ihnen geregelt und ordentlich zuging.

Wahre Tragödien spielten sich ab, wenn im Herbst Laub, im Winter Schnee vom Himmel fiel. Aus Angst, ihre Autos könnten verschmutzt werden, bekämpften die Nachbarn die unerwünschten Geschenke des Himmels mit allen erdenklichen Mitteln, seit Kurzem mithilfe neuester Technologie. Früher hatte der Hauswart bei Schnee morgens ab sechs den Betonboden des Hofes mit einer Metallschippe geschabt, deren Kratzgeräusch, wie von einem Schalltrichter bis zu den oberen Etagen verstärkt, einen zum Wahnsinn treiben konnte. Diesen Herbst nun hatte er erstmals ein Turboblasegerät zum Einsatz gebracht. Bei der Premiere war Hakan beinahe aus dem Bett gefallen. Hatten seismometrische Untersuchungen unterm Beton Öl aufgespürt und man bohrte danach?

seismometrisch
auf Erdbeben ausgerichtet

Am nächsten Morgen, es war Samstag, wachte Hakan gegen zehn mit einem wunderbaren Duft in der Nase auf. In der Küche zog seine Mutter eben ein Tablett mit goldgelber Blätterteigpastete aus dem Ofen.

„Mmh, was wird das?“

„Baklava. Mit Pistazien. Für Bayram.“

Baklava
Süßspeise

Richtig, morgen begann ja Bayram, das Zuckerfest. Das bedeutet nicht nur Festessen mit vielen Süßspeisen, sondern

Bayram
Fest am Ende des Fastenmonats Ramadan

auch neue Klamotten, Geschenke, jede Menge Familienbesuche, endlose Unterhaltungen und sogar, wo es nötig ist, Vergebung und Versöhnung.

Der Islam schreibt vor, einen Monat im Jahr zu fasten, um Kopf und Körper von innen zu reinigen. Die Gläubigen sollen von Sonnenaufgang bis -untergang weder essen noch trinken und rauchen. Am Ende des Fastenmonats, des Ramadan, wird Bayram, das dreitägige Zuckerfest, gefeiert. Darauf wartet man in der Türkei das ganze Jahr über wie hier auf Weihnachten.

Hakan war klug genug gewesen, sich rechtzeitig selber Klamotten zu besorgen. Denn auf den Geschmack seiner Mutter konnte er sich unmöglich verlassen. Bestimmt wäre sie mit einem abartigen Teil von Woolworth nach Hause gekommen. Am liebsten hätte sie Hakan in einen Anzug gesteckt, wie früher, mit Krawatte!

Mit einem großen Messer teilte Vildan Hanım den knusprig gebackenen Teig auf dem Blech in kleine rhombische Stücke und goss Honigsirup darüber. Nun brauchte er bloß noch über Nacht zu ziehen.

rhombisch
rautenförmig

Für sie bedeutete Bayram vor allem Arbeit. Nicht nur Baklava, sondern eine Vielzahl von Süßspeisen, verschiedene Pasteten mit Schafskäse, Spinat und Gehacktem, dazu Suppen und Vorspeisen mussten zubereitet werden. Serap half ihr dabei, wenn sie nicht gerade bügelte.

Serap litt unter Bügelitis. Sie bügelte alles, was sie in die Hände bekam, sogar Socken. Eine *Hard-core*-Büglerin. Hakan musste seine Jeans vor ihr verstecken.

„Ich kann gut nachdenken dabei", sagte sie immer. Worüber, verriet sie nicht.

Über Jungs, vermutete Hakan.

Bayram – das Fest der großen Gefühle. Hakan liebte das so sehr wie einen Pickel an der Nasenspitze. Alle Türken taten so friedlich, so freundlich. Schafe und Wölfe, Schwiegermütter und Schwiegertöchter saßen Hand in Hand. Sogar Trabzonspor- und Samsunspor-Anhänger. Nach den drei Tagen Feuerpause gingen dann Mord und Totschlag weiter. Doch der Vortag mit seinen Düften und den freudigen Vorbereitungen hatte etwas Erwartungsvolles, das auch Hakan nicht völlig kalt ließ.

„Wo ist Daddy?"

„Sitzt im Wohnzimmer. Ich habe Tarhana-Suppe gemacht. Magst du ein Schälchen?"

„O ja!„

Schälchen? Eine Schüssel voll war das! Die scharf gewürzte rötliche Brühe schmeckte köstlich.

Hausgemachte Tarhana erinnerte Hakan immer an Oma. So lange sie lebte, hatte sie jeden Herbst einen Trog voll Sauerteig mit Jogurt, Fleischbrühe, zerdrückten Tomaten, Gewürzen und Kräutern angesetzt und diese Paste – mit hochgekrempelten Ärmeln, das Kopftuch über die Schulter nach hinten geworfen – stundenlang geknetet. Sie saß in der Hocke, ihr Oberkörper wiegte sich auf und ab, ihr Hinterteil, breit wie ein Mühlstein, folgte zyklisch im Gegenrhythmus wie der Schwanz einer Tauchente. Dann klopfte sie den Teig in dünne Scheiben, die sie in der Sonne trocknen ließ und danach fein verstrich. Viel zu viel Arbeit für eine Hand voll Tarhana.

„Noch eins?"

„Ein halbes." Doch protestierte er nicht, als seine Mutter die Schüssel wieder bis obenhin füllte.

In diesem Jahr fiel der erste Tag des Bayram auf den dritten Adventssonntag. So musste man nicht zur Schule oder zur Arbeit. Mit gut gefülltem Bauch zog Hakan ins Wohnzimmer. „Hi, Dad!"

Funkstille. Stau im Kopf? Oder eher Büffelrennen?

Hakan packte seinen Rucksack.
„Wo gehst du hin?“ Überraschend – ein Lebenszeichen von ihm.
„Ich treffe mich mit Freunden.“
„Wollt ihr tanzen?“
„Ja.“
„Schon wieder?“
„Hast du was dagegen?“
„Solltest du nicht lieber Hausaufgaben machen?“
„Papa, du hast keine Ahnung von nichts. Lass das meine Sorge sein. Du hast genug eigene.“
Der Vater schüttelte den Kopf, murmelte etwas Unverständliches. „Triffst du dieses Mädchen?“, fragte er dann aus heiterem Himmel.
„Welches Mädchen?“
„Du weißt schon, wen ich meine.“
Hakan blieb stehen. Donnerwetter! Was man ihm unter die Nase reibt, das sieht und hört er nicht. Aber was er *nicht* sehen soll, sieht er. So ein Fuchs!
Hakan ließ den Kapuzenpulli aus der Hand fallen und drehte sich langsam zu seinem Vater. „Kannst du mir sagen, was dich das angeht?“
Vildan Hanım kam mit einer Kelle in der Hand aus der Küche. „Hakan, wie sprichst du mit deinem Vater?“
„Ich habe nicht damit angefangen.“
„Und das am Tag vor Bayram.“
Zu spät. Der Auslöser war gedrückt. „Willst du sie etwa heiraten?“, fragte der Vater tonlos.
Das saß. Hakan hielt die Luft an. Eins, zwei, drei, vier, fünf! Er dachte an seine Mutter und daran, dass dies ein denkbar ungünstiger Zeitpunkt für einen Krach war. Er atmete aus. „Wer redet von heiraten?“, antwortete er mit gepresster Stimme.

„Man weiß nie. Was, wenn ihr Vater kommt und sagt, du hast mit meiner Tochter rumgemacht, jetzt musst du sie nehmen?"

„Spinnst du? Du lebst ja hinterm Mond!"

„Hört auf damit! Sofort! Alle beide!", rief die Mutter.

„Ein Baum lässt sich biegen, solange er jung ist. Dann nicht mehr", sagte der Vater gebetsmühlenartig.

„Ich lass mich nicht biegen! Von euch nicht! Von niemandem!"

„Das ist nicht unsere Welt. Das ist wie Wasser und Öl."

„Du tust, als hättest du den totalen Durchblick. Keine Ahnung hast du."

„Hakan!“, rief die Mutter. „Hakan!“
„Du hast sie ja nicht alle. Wirklich, du kannst einem leid tun.“ Mit einem Ruck zog Hakan den Reißverschluss des Eastpaks zu und warf ihn über die Schulter.
„Hakan, das nimmst du sofort zurück!“ Die Mutter war entsetzt.
„Motorbrand“, sagte Hakan vor sich hin. „Totalschaden, echt!“
„Leid?“, hörte er seinen Vater noch, als er wutentbrannt das Wohnzimmer verließ. „*Ich tue meinem Sohn leid?* Nicht mal er hat Respekt vor mir.“
Schnell schlüpfte Hakan in seine Schuhe. Die Mutter folgte ihm in den Flur. „Hakan“, beschwor sie ihn, „komm zurück!“
Die losen Schnürsenkel nachschleifend lief Hakan hinaus. Gerettet! Mit einem Schlag war die Luft rein. Mehrmals atmete er tief durch.
Was für eine blöde Geschichte! Und wegen nichts und wieder nichts! Aber Hakan hatte nicht damit angefangen. So einen Stuss konnte er wirklich nicht unkommentiert stehen lassen. Wenn er eines hasste, dann waren es Maßregelungen und Moralpredigten, egal aus welcher Ecke. Entweder schaltete er auf stur oder er reagierte aggressiv. Das hätten sie wirklich wissen können.
Zwei Häuser weiter band er seine Schnürsenkel. Nein, er würde sich nicht von den Ängsten des Vaters einfangen lassen. Der Vater hatte eine ganze Latte davon, eine gut gepflegte Sammlung: die Was-wird-aus-meinen-Kindern-Angst, die Wen-heiratet-meine-Tochter-Angst, die Fliegt-mein-Sohn-aus-der-Schule-Angst, die Verliert-meine-Familie-das-Gesicht-Angst, die Schaff-ich-es-ein-Haus-in-der-Türkei-zu-bauen-Angst, die Wem-kann-ich-trauen-Angst, die Wann-kommt-die-nächste-Mieterhöhung-Angst. Damit

war nicht mal die Mitte der Liste erreicht. Für jede Lebenslage hatte er eine passende Angst zur Hand.
Ängste zerfraßen ihn, verkrüppelten ihn. Wenn man einer Sache ängstlich entgegentritt, dann ist sie schon verloren. Immerzu fürchtete er sich, als er noch Arbeit hatte, vor Arbeitslosigkeit. Und als er den Laden eröffnete, hatte er Tag und Nacht Alpträume, er würde ihn verlieren. So beschwor er die Pleitegeier förmlich herauf. Natürlich kam es dann auch, wie es kommen musste. Auf Neudeutsch nennt man das: *self-fulfilling prophecy*. Die Angst ignorieren, erst gar nicht aufkommen lassen, das ist der Trick. Augen zu und durch. Nur so schafft man es.
Zum Glück war Hakan da anders – ganz zuversichtlich und kein bisschen ängstlich. Er legte Wert auf diesen Unterschied zum Vater. Er hegte keinen Zweifel daran, einmal alles anders als sein Vater zu machen, besser. Er würde studieren und reich werden. Auf gar keinen Fall wollte er versauern wie sein Vater.
Welch ein Affentheater das eben gerade! Und ausgerechnet am Tag vor Bayram! Da konnte er nicht wie sonst erst einmal auf Tauchstation gehen und warten, bis Gras darüber gewachsen war. Bei seinem Vater, der mitunter bis auf den eigenen Namen alles vergaß, dauerte das bestimmt nicht lange. Aber morgen würden alle zusammenhocken. Und die Sache war noch zu frisch, um so zu tun, als sei nichts geschehen. An den Bayram-Ritualen führte kein Weg vorbei. Also: dem Vater die Hand küssen, ihn um Entschuldigung bitten und ihm ein schönes Fest wünschen. Krass! Aber einmal allen deutlich zu zeigen, dass er sich von niemandem mehr abkanzeln lässt, war es Hakan wert gewesen. Die Menschheitsgeschichte war voll von Unterdrückung und Demütigungen, und am liebsten unterdrückte und demütigte man die, die einem am nächsten standen.

Plateau *Hochebene*

Die Badstraße trug Weihnachtsschmuck und sie hatte ihn Gott weiß nötig. Dachte er sich die Lichtgirlanden über der Straße weg, wäre sie eine Wüste ohne Sand, ein Meer ohne Wasser, ein Plateau ohne Höhen und Täler gewesen. Vor zwei Wochen jedoch hatte sie sich über Nacht in eine Märchenlandschaft verwandelt. Advent.

Advent – wie vor acht Jahren, als Hakan nach Berlin gekommen war. Wie hatte er, gerade sechs, damals gestaunt über die festlich geschmückten Straßen. So sähe es im Deutschmärchenland immer aus, hatte er geglaubt und war maßlos enttäuscht gewesen, als dann nach Neujahr der ganze Budenzauber abmontiert wurde. Er wollte die Männer bei den Skylifts ausschimpfen: ‚Was fällt euch ein? Lasst die Sachen hängen, ihr Halunken!' und konnte es nicht, weil er kein Wort Deutsch sprach.

Das war seine erste Enttäuschung gewesen.

Nein, die zweite. Die erste Enttäuschung war die Wohnung. Aus den Erzählungen seines Vaters hatte Hakan sich die Wohnung in der dritten Etage eines großen Hauses in Berlin mit hohen Decken, Doppelfenstern und Flügeltüren, kurz als einen wahren Palast, zusammenfantasiert. Mit Säulen, Marmortreppen und mehreren Höfen: erster Hinterhof, zweiter Hinterhof, Seitenflügel, Gartenhaus. Im Flugzeug hatte er sich alles haarklein ausgemalt. Wo doch die Wohnung obendrein im schönsten Teil Berlins lag. Wedding heißt *düğün*, hatte Nalan Abla gesagt, die Nachbarstochter im Dorf, die im Gymnasium der Kreisstadt Englisch lernte. Wie wunderschön musste ein Stadtteil sein, der *Düğün Mahallesi*, Hochzeitsviertel, hieß!

Und überhaupt schon der Flug! Rundum glücklich hatte der kleine Hakan zwischen Papa und Mama gesessen, alles in sich eingesogen: den Start des Flugzeugs mit viel Turbinenlärm, die Wolken von oben. Aparte, freundlich lächelnde

Stewardessen servierten Hühnerbein mit Reis, Salat und Schokoladenpudding und schenkten ihm Kaugummi.

Am Flughafen hatte sie Tahsin Amca erwartet, der extra einen kleinen Umweg fuhr, um Hakan die vorweihnachtliche Müllerstraße zu zeigen. Bis dahin war alles perfekt gewesen! Als das Auto dann vor einem grauen Haus hielt, das mit seinen Einschusslöchern und den vielen leer stehenden Wohnungen einer längst aufgegebenen Festung glich, glaubte Hakan an einen Irrtum, der sich gleich aufklären würde. Bestimmt hatte Tahsin Amca sich in der Straße vertan. Der Vater aber schloss mit einem riesigen Durchsteckschlüssel die schwere Haustür auf und sie betraten einen dunklen, modrig riechenden Flur.

Die Wohnung war klein. Ein Jahr lang, bis sie in eine frisch sanierte Wohnung umgesetzt wurden, würde Hakan in der fensterlosen Abstellkammer schlafen, in die nichts weiter als eine kleine Matratze passte.

Als Hakan nach der Toilette fragte, führte ihn der Vater einige Stufen treppab. Die Toilette war arschkalt wie ihr Plumpsklo im Dorf, wo man im Winter die eigene Scheiße dampfen sah. Obendrein wurde diese von zwei anderen Mietern mitbenutzt. Das erfuhr Hakan, sobald er sie einweihen wollte. Jemand klopfte an der Tür und rief etwas mit ärgerlicher Stimme. Vor Schreck traute sich Hakan nicht hinaus, so dass der Vater ihn schließlich abholen musste.

Acht Jahre später und jetzt wieder Advent. Aus einem Schuhgeschäft in der Badstraße dröhnten Weihnachtslieder, gesungen von einem Kinderchor. Auf einige Strophen von *Go tell it on the mountain* folgte *Rudolph, the red-nosed reindeer*. Mit *Santa Claus is coming to town* fand das Potpourri ein turbulentes Ende.

Potpourri *hier: musikalische Mischung*

Das war nun wirklich nicht nach seinem Geschmack, doch kam überraschenderweise auch bei Hakan plötzlich so etwas wie Feststimmung auf. In ihrer bestechenden Einfachheit eignen sich Weihnachtslieder vorzüglich, einen auf andere Gedanken zu bringen. Seine Wut verflog, die Glieder lockerten sich. Gehen und sich gehen lassen. Für den Auftritt war das enorm wichtig. Nicht gegen die Strömung schwimmen und sich nicht unnötig verausgaben. Gelassen bleiben, bleiben lassen: sein Mantra. Sich auf dem Rücken von Wellen tragen lassen. Jetzt, mit Gefühl, ein kleiner Stoß in die richtige Richtung. Er betrat Serdars Imbiss.

Mantra *magische Formel*

„Gut dich zu sehen“, sagte Serdar.
„Weißt du, warum man Damen die Hand küsst?“
„Nein.“
„Irgendwo muss man anfangen. Man fängt immer klein an. Und macht das Beste daraus.“
„Voll deiner Meinung.“
„Also, was muss man machen?“
„Das Beste aus allem.“
„Gut, Junge! Du lernst schnell. Du wirst es weit bringen.“
In der Tat brachten es die Wedding Boys am Nachmittag weit. Nein, der unerfreuliche Zwischenfall mit seinem Vater hatte ihm nicht den Mumm genommen. Und nun tat es richtig gut, den Tanz aus den Gelenken zu schütteln. Sein Float geriet sogar noch besser als am Tag zuvor.
Als sie später auf der Bank am Nordufer ihre Einnahmen zählten, waren sie alle erstaunt, ziemlich genau auf die gleiche Summe wie am Tag zuvor gekommen zu sein. Als habe hier jemand das Prinzip gleicher Lohn für gleiche Leistung angewandt.
„Ich fühle mich wie ein Goldgräber“, sagte Daffyd, und es klang, als schäme er sich ein wenig darüber, dass sich das Leben ihm großzügig erwies.
„Ruf Benz an“, scherzte Wahib, „und mach einen Termin. Bald können wir die Verhandlungen aufnehmen.“

6

Sonntag, erster Tag des Bayram. Hakan stand beizeiten auf. Seine Mutter und Serap hielten sich in der Küche auf. „Bist du aus dem Bett gefallen?“, fragte Serap frech. Die Mutter sagte nichts. Sie saß am ungedeckten Tisch, trank Tee und rauchte. Sie sah besorgt aus. „*Bayramınız kutlu olsun!*“, sagte Hakan. Herzliche Glückwünsche zum Zuckerfest. Vildan Hanım ließ ihn kaum ausreden. „Geh und zieh dich erst einmal richtig an. Man beglückwünscht sich nicht im Schlafanzug.“ „Ihr macht euch das Leben unnötig schwer“, erwiderte Hakan. „Anderen auch.“ „Unser kleiner Prinz hat so ein so schweres Leben“, spöttelte Serap. Pech für sie, dass Hakan heute überhaupt keine Lust zu einem Scharmützel hatte. Das von gestern mit dem Vater reichte vorerst.

Scharmützel *hier: Streit*

Er ging ins Bad, duschte, putzte die Zähne und zog sich die neuen Klamotten an: ein echt dezentes Dr.-Dre-T-Shirt und eine FUBU-Hose, die als ein Zugeständnis an die Familie zum Zuckerfest gedacht war, hing darin der Hosenboden doch nicht ganz so weit unten. Die Hose war eine Wucht. Man muss sich schon in seinen Sachen wohl fühlen, dazu sind sie da. Teuer brauchen sie nicht unbedingt sein, aber sie müssen einem in jeder Hinsicht passen. Damit keine falschen Signale rüberkommen. Hakan sah sich im leeren Wohnzimmer um. „Wo ist Papa?“ Die Mutter zuckte mit den Schultern. „Ist er schon zur Moschee?“ Am feierlichen Bayram-Gebet nahm Rahmi Bey immer teil. Anstandshalber. Um sich sehen zu lassen.

„Er ist noch nicht zurück“, sagte Vildan Hanım.

„Wie, nicht zurück?“

„Gestern gegen Abend verließ er die Wohnung. Er wolle diesmal schon am Vorabend zur Moschee, am Bayram sei sie ihm zu voll. Du weißt ja, wie menschenscheu er jetzt ist. Zum Abendessen wollte er wieder zu Hause sein.“

Hakan winkte ab. „Bestimmt hat er einen alten Bekannten getroffen, der ihn mit sich nach Hause geschleppt hat. Bald taucht er auf.“

Dennoch spürte er ein Unbehagen im Mittelgebirge. Dass sein Vater sich irgendwo festquatschte, war ausgesprochen unwahrscheinlich. Weder als Redner noch als Zuhörer taugte er viel. Höchstens als Läufer. Vor seinem inneren Auge sah Hakan seinen Vater, wie er läuft, mechanisch, in sich selbst verloren, unaufhörlich. Läuft und läuft. Bis seine Akkus leer sind. Erst da kommt er nach Hause. So macht er das immer. Diesmal haben die Akkus eben lange gehalten.

‚Nein, das hat mit unserem gestrigen Streit nichts zu tun‘, versuchte Hakan sich einzureden, während er sich aufs Sofa fallen ließ. Im türkischen Fernsehen lief ein Bayram Special mit bekannten Sängerinnen und Sängern.

Auf dem Beistelltisch lag das Familienalbum. Am ersten Tag Familienfotos ansehen, Erinnerungen austauschen, um die Verstorbenen trauern, gehörte zu Mamas unverzichtbaren Bayram-Ritualen. Hakan schlug das Album in der Mitte auf. Sonntägliches Grillen im Tiergarten. Mann, sahen die Eltern da jung aus! Und keine Spur von diesem trüben Schimmern in den Augen des Vaters.

Eine Seite zurück: Bilder von einem vergangenen Bayram-Fest. Davor von einer Türkei-Reise. Die ganze Familie vor einem dreistöckigen Rohbau mit Betonsäulen und roten

Ziegelmauern, ohne Dach. Weiterblättern. Er auf dem Schulhof, der schüchterne Blick meidet die Kamera: sein erster Schultag im Brüder-Grimm. Davor in der Türkei, in blauem Kittel und weißem Kragen, einer unter vielen. Dass der gestärkte Kragen fürchterlich am Hals gescheuert hatte, sah man auf dem Foto nicht.

Schwache Highlights, die der Mutter viel bedeuteten. Das Album lenkte Hakan ab, doch seine Ohren warteten auf das vertraute Geräusch des Schlüssels in der Wohnungstür.

Auf einem anderen Bild trug er einen langen Rock. Nein, er hatte weder an einer Travestie-Show teilgenommen noch war er unter die Schwuchteln gegangen. Recht früh schon, kurz vor der Einschulung, war er beschnitten worden. Nach dieser Prozedur kann man unmöglich Hosen tragen. Im Bett hatte er schützend den Hut aus Hartkarton auf sein lädiertes Teil gelegt, bevor er die Decke hochzog. Jeden Tag Penizillinpulver darauf. Nach einer Woche war alles wieder gut gewesen. Irgendwann fiel der Schorf ab. Von da an gehörte er zu den glücklich Beschnittenen.

Fortwährend lief die Mutter in der Wohnung umher, ihre Unruhe konnte man mit den Händen greifen. Wo blieb das Frühstück?

Das Foto auf der ersten Seite des Albums – Hakan ein Jahr alt. Sein Opa hält ihn mit entsetztem Gesicht hoch, weit von sich weg. Nachdem der Vater nach Deutschland gegangen war, hatte Mama bei den Großeltern gewohnt. Der Vater war wie üblich im Sommer zu Besuch in die Türkei gekommen. Opa hob Hakan für die Aufnahme auf den Arm. Zur Begrüßung des frisch Heimgekehrten wusste Hakan nichts Besseres zu tun, als Opa eine volle Ladung auf den Schoß zu pullern. Dummerweise trug er keine Windeln, wegen der Hitze. Armer Opa! Neuerdings unterstellte Serap ihrem Bruder, hinter diesem Attentat habe eine dunkle Absicht gesteckt, etwas Unterbewusstes. Angeblich habe er mehr Aufmerksamkeit gewollt, habe im Mittelpunkt stehen wollen. Was für ein Quatsch! Hakan mochte Opa sehr. Wie schade, dass er sich vom Acker gemacht hatte.

Es klingelte.

„Da ist er!“, rief Hakan.

Vildan Hanım öffnete. Es war eine Frauenstimme, eindeutig Sibylles. So früh? Am ersten Tag des Bayram schaute sie immer vorbei, aber erst nachmittags. Sibylle kam nicht ins Wohnzimmer. Hakan hörte sie und seine Mutter in der Küche tuscheln.

Als Kind hatte Hakan gedacht, der Todesengel sei ein Sensenmann, der durch die Gegend streicht und sich hin und wieder einen schnappt, der zu dumm ist, um auf sich aufzupassen. Dann hieß es: *Azrail* hat ihn geholt. Bisher hatte Azrail immer die anderen geholt. Opa war der Erste in Hakans unmittelbarer Nähe gewesen. Knapp ein Jahr später traf es Oma, mehr oder weniger freiwillig. Aus Überdruss und Einsamkeit folgte sie dem Beispiel ihres Lebensgefährten. Falsches Vorbild!

Hakan hatte es immer vor der Vorstellung gegraust, irgendwann könnte sich dieser *Azrail* seine Eltern vorknöpfen. Damals glaubte er allen Ernstes, ihm werde das, wenn er sich nur gut benahm, vielleicht erspart bleiben. Dann würde Azrail Einsicht zeigen und seine Eltern einfach übersehen.

Ein anderer Kanal übertrug das Festtagsgebet in der Istanbuler Sultan Ahmet Moschee. Gerade wollte Hakan das wegzappen, als die beiden Frauen ins Zimmer traten. Sie setzten sich zu ihm, Sibylle links, die Mutter rechts.

„Hakan“, sagte die Mutter. „Ich mache mir ernsthaft Sorgen.“

„Wegen Papa? Der kommt schon. Spätestens wenn er Hunger hat, tanzt er hier an."

„So lange war er noch nie weg. Und das am Bayram. Ich weiß nicht."

Sibylle schwieg. Nachdenklich kaute sie an ihren Fingernägeln.

„Wahrscheinlich hat er vergessen, dass Bayram ist. Sobald er die Hammelkeule riecht, kommt er", sagte Hakan.

Mutter rutschte näher zu ihm.

„Hakan, ich muss mit dir reden." In ihrer Stimme hörte Hakan ungewohnte Obertöne.

„Tun wir doch die ganze Zeit."

Da mischte sich Sibylle ein. „*Ernsthaft* reden, Hakan. Deinem Vater geht es nicht gut."

„Was ihr nicht sagt", entgegnete Hakan bockig.

„Nein, ihm geht es richtig schlecht. Er ist krank", begann Sibylle von Neuem.

„Das sind wir alle. Alle Menschen sind ..."

„Hakan, jetzt hör doch mal endlich zu!" Vildan Hanım klang verärgert.

„Was heißt *richtig* schlecht?"

„Vor einer Woche bin ich mit deinem Vater zum Krankenhaus gegangen. Diese Sibel hier, Allah sei zufrieden mit ihr, schlug meine Bitte nicht aus und kam mit zum Dolmetschen. Der Seelendoktor im Krankenhaus hat Papa von allen vier Seiten untersucht und ihm einen Haufen Fragen gestellt. Aus Papas Mund kam mal ein gequältes Ja, mal ein knappes Nein, sonst nichts. Der Doktor hat auf einem Fragebogen in Kästchen Kreuze gemacht und sie dann zusammengezählt. Am Ende hing sein Gesicht runter bis zum Boden, glaub mir."

„Und?"

Sibylle sagte: „Weil dein Vater Gedächtnislücken und Konzentrationsschwierigkeiten hat, tippte der Arzt erst auf Alzheimer im Frühstadium. Zum Glück war der Befund negativ."

Wie pervers die Sprache sein kann! Ein *negativer* Befund ist für den Patienten eigentlich *positiv*. Ein *positiver* Befund bedeutet: Der Patient ist im Arsch. Was ist daran *positiv*?

„Schließlich hat der Arzt eine schwere Depression festgestellt." Sibylle sah Hakan in die Augen, Hakan wich aus.

„Dafür hättet ihr nicht zum Arzt gehen müssen. Das sieht man auch so."

„*Oğlum*, das ist nicht bloß ein Traurigsein, wie jeder es mal hat. Dein Vater ist so schwer krank, dass der Doktor ihn gleich dabehalten wollte", sagte Vildan Hanım den Tränen nahe.

„Was?"

Sibylle gab das volle Bild: Von einer schweren Depression des melancholischen Typus hatte der Arzt gesprochen.

Zwar hatte Hakans Mutter kein Wort verstanden, doch sah sie allein schon in der Mimik und der Stimmlage des Arztes ihre schlimmsten Befürchtungen bestätigt. Sibylle hatte sich alles notiert.

Der Arzt zählte Symptome auf: deutlich vermindertes Interesse an der Umgebung, starker Gewichtsverlust, chronische Schlaflosigkeit, psychomotorische Unruhe, anhaltende Müdigkeit. Und weiter: Gefühl der Wertlosigkeit, quälende Schuldgefühle, verminderte Denk- und Konzentrationsfähigkeit, wiederkehrende Gedanken an den Tod.

Bei jedem Symptom hatte Vildan Hanım bejahend mit dem Kopf genickt. Der Vater studierte unterdessen ausgiebig eine Ritze im Fußboden, als wäre die Rede nicht von ihm, sondern von dieser Ritze. Oder von einem Rennpferd, das an einer Hürde unglücklich gestolpert ist und operiert werden muss. Wie sich nachher auf dem Nachhauseweg herausstellte, hatte er tatsächlich von all dem kaum etwas mitbekommen. Gewiss, er war schon immer ein Meister im Wegblenden unliebsamer Themen gewesen. Das war seine Methode der Stressbewältigung – genau die verkehrte.

Der Patient muss stationär behandelt werden, hatte der Arzt nach einer Denkpause verkündet.

Da erst hatte die Mutter nachgehakt: Was heißt das?

Das heißt: Er muss hier bleiben, im Krankenhaus.

Ratlos hatte Vildan Hanım Sibylle angeschaut, um sich dann wieder zum Arzt zu wenden.

Über Nacht? Oder tagsüber?

Tag *und* Nacht! Wir müssen ihn rund um die Uhr beobachten, damit er nicht auf dumme Gedanken kommt.

Wie lange?

Bis er gesund wird. Ich werde mal sehen, ob ein Bett frei ist.

Schon griff er zum Hörer. Da war Vildan aufgesprungen. Um mit ihrer Hand die des Arztes kräftig auf den Hörer zu drücken. Der bewegte sich keinen Millimeter.

Zu Hause haben wir auch ein Bett. Ich beobachte ihn Tag und Nacht. Ich schwöre auf den Koran oder, wenn dir das lieber ist, auf die Bibel, dass ich ihn keine Minute aus den Augen lassen werde.

An dieser Stelle lachte Sibylle und sagte: „Aber der Arzt blieb hart."

Es tut mir leid, hatte er gesagt, das geht nicht. Er braucht dringend eine stützende psychodynamische Therapie. Auf jeden Fall muss er Antidepressiva verabreicht bekommen.

Antidepressiva *Medikamente gegen Depressionen*

„Meine Güte!", entwich es Hakan. „Wenn man erst einmal einen Sprung in der Schüssel hat, ist es schwer, sie wieder zusammenzuflicken."

Die Mutter bedachte ihn mit einem vorwurfsvollen Blick.

Liebst du deinen Gott?, hatte die Mutter, noch immer ste-

hend, den Arzt schließlich gefragt, worauf er verwundert zu ihr aufschaute.
Ja, denke ich schon. Wieso?
Es ist der gleiche Gott wie meiner. Es gibt nur einen Gott. Wenn du Ihn liebst, gib mir zwei Wochen Zeit. Auf gar keinen Fall soll mein Mann den Bayram im Krankenhaus verbringen. Sobald das Fest vorbei ist, bringe ich ihn zu dir. Ich schwöre auf all deine Bücher dort im Regal.
Der Arzt, erzählte Sibylle, ein noch ziemlich junger Mann mit schmalen Lippen, sanften Augen und kükengelbem, unterm Neonlicht durchsichtigen Haar, hatte auf die medizinischen Bücher im Regal geblickt, zwischen denen für die langen Nachtdienste sämtliche Harry-Potter-Bände standen, und geschmunzelt. Er verließ das Zimmer. Nach zehn Minuten, die der Mutter wie zehn Stunden vorkamen, kehrte er zurück, einen rosafarbenen Vordruck aus hauchdünnem Durchschlagpapier in der Hand.
‚Ich habe eben mit dem Chefarzt gesprochen. Auf Ihre Verantwortung, Frau Aslan. Das müssen Sie aber unterschreiben.‘
Und er reichte Vildan Hanım den Kugelschreiber.
Hakan stellte sich die Mutter mit dem Kugelschreiber in der Hand vor, wie sie ihn – eine viel zu klein geratene Teigrolle – an beiden Enden hielt und mit sichtbarer Anstrengung zwei schräge Striche machte, die sich unten trafen. Ein Menetekel?, musste der Arzt sich gefragt haben, als er die mühsame Entstehung des ersten Buchstabens von Vildan verfolgte, der einem Victory- oder Peace-Zeichen glich.

Menetekel *unheilverkündende Warnung*

Während Hakan weiter gebannt zuhörte, entstand ein groteskes Bild vor seinem inneren Auge: Der Vater sitzt auf einem Dorn, auf einem ganz spitzen, gemeinen. Der drückt sich in seinen Hintern und quält ihn. Irgendwann, wenn der Schmerz unerträglich wird, würde der Vater sich aufrappeln, den Stachel aus der Arschbacke ziehen und ihn zum Fenster hinauswerfen.

„Der Arzt hat erzählt", so Sibylle, „dass ein Depressivkranker sich beim besten Willen nicht selbst helfen kann. Diese Krankheit soll sogar erblich sein."

„Na toll! Dann feiern wir das nächste Zuckerfest alle gemeinsam in der Klapsmühle. Wir hätten Papa mehr helfen, ihn aufpäppeln sollen: Kopf hoch, Junge, es wird wieder ..."

„Das hilft auch nicht", unterbrach Sibylle ihn. „Im Gegenteil: Das treibt ihn nur tiefer in seinen Kummer und er zieht sich noch mehr zurück."

„Was Papa braucht, sind drei Wochen Türkei. Dort kommt er wieder zu sich."

„Das sage ich ihm ja die ganze Zeit, aber er will nicht", klagte Vildan Hanım.

„Wieso?"

„Er meint, wir könnten uns das nicht leisten."

„Mann, zwei Flugtickets, das ist nicht die Welt."

„Da kommt ganz schön was zusammen. Denk nur an die Geschenke. Wir haben so viele Verwandte. Man kann nicht einfach mit leeren Händen hin."

„Dann fliegt doch mal nach Mallorca. Ihr beide."

„Nach Mallorca? Wieso das? Steht unsere Wohnung unter Wasser?"

„Ach, ihr habt es nicht besser verdient. Ihr checkt es nicht."

„Hakan, dein Vater will nicht als Versager in sein Heimatdorf. Was sie ihn alles fragen würden: Wie läuft der Laden? Was für ein Auto fahrt ihr jetzt? Wann baut ihr das Haus fertig?"

„Du meine Güte! Auch noch das Haus! Warum habt ihr damit bloß angefangen?"

„Ich weiß es auch nicht. Dein Vater wollte es, für euch Kinder. Seit vier Jahren hat man keinen Ziegelstein mehr auf die anderen gelegt. Jedes Mal fragen die Leute, wann es weitergeht."

„Ihr habt es selbst verkackt, euer Leben. Warum könnt ihr nicht von diesem Scheißkram lassen und einfach mal ihr selbst sein? He, wäre doch cool. Aber mal im Ernst: Willst du ihn nach Bayram wirklich einliefern? Tu das bloß nicht."

Sibylle hatte sich aus dem Gespräch zwischen Mutter und Sohn herausgehalten. Jetzt mischte sie sich wieder ein: „Der Arzt hat gesagt: So geht es nicht weiter. Er muss dringend behandelt werden. Das ist eine Krankheit, die nicht nur einen Körperteil, sondern den ganzen Menschen in Mitleidenschaft zieht. Schlimmer als viele andere Krankheiten."

„Und wie will dieser Psycho-Freak Papa behandeln? Ihm den Kopf schrumpfen? Mumifizieren?"

„Ja, was weiß ich, sie gucken, dass er isst, sich erholt", sagte Vildan Hanım resigniert.

„Mama, Essen kriegt er hier auch. Sie sperren ihn ein, pumpen ihn voll bis über die Augenbrauen mit Medikamenten, spülen ihm den Kopf aus. Papa überlebt das nicht. Lass dir von diesem Klempner nichts einreden."

Sibylle nickte zustimmend.

„Ich weiß nicht. Alles schwimmt, wo soll *ich mich* festhalten? Ich wollte ihn wenigstens über Bayram zu Hause haben." Die Mutter fing an zu weinen. „Und jetzt ist er weg. Alles meine Schuld!"

Sibylle setzte sich zu ihr und legte ihren Arm um sie. Auch ihre Augen glänzten feucht.

„Warum hast du mir das nicht früher erzählt? Dann hätte ich gestern meine Klappe gehalten", sagte Hakan.

„Nicht erst seit gestern, seit Tagen und Wochen schon kocht alles in ihm hoch. Seine Unruhe wurde immer größer, je näher Bayram kam. Dieses Fest ist der letzte Tropfen, der das Glas zum Überlaufen brachte."

Hakan war seiner Mutter unendlich dankbar, dass sie nicht ihm die Schuld gab, obwohl dieser letzte Tropfen eindeutig von ihm kam. *Du kannst einem leid tun*, hatte er zornig gerufen, ohne sich viel dabei zu denken. Jetzt tat es ihm *wirklich* leid.

„Was sagen wir den Leuten? Dem Besuch? Ich habe Safiye mit ihrer Familie für heute Abend zum Essen eingeladen."

O Gott! Safiye Teyze und Tahsin Amca, Verwandte aus dem Dorf, die in Neukölln wohnen. Zu jeder anderen Zeit hätte sich Hakan fast ein bisschen auf sie gefreut.

„Mama, du machst dir mehr Sorgen um das Gerede der Leute als um Papa."

Sie schluchzte.

„Immer nur den Schein wahren!" Empört stand Hakan auf. „Kein Wunder, dass Papa dieses Getue nicht aushält."

Vildan Hanım erhob sich ebenfalls. Mit einem Mal war sie wieder die starke Frau, für die Hakan sie immer gehalten hatte. Sie ergriff Hakans Hände. „Nein! Ich sorge mich um ihn. Dass er sich etwas antut!"

„Papa tut so was nicht! Nie im Leben!"

„Hakan!", sagte Sibylle betont ruhig. „Der Arzt hat gesagt, schwer Kranke wissen nicht, was sie tun. Man muss sie schützen. Vor sich selbst."

„Im Grunde seines Herzens ist Papa gottesfürchtig. Er glaubt an all den Kram mit Himmel und Hölle, mit *cennet* und *cehennem*. Wenn er sich was antut, bekommt er den besten Platz in der Hölle, gleich in der ersten Reihe."

„Schhhhht! Sprich nicht so! Sonst trifft dich der Schlag. Du kriegst einen schiefen Mund", fiel seine Mutter ihm ins Wort.

„Ich habe noch keinen gesehen, der davon einen ...“ Hakan zog den Mund schief, sprach aus dem Winkel.
„Sag, dass du es bereust! *Tövbe.*“
„Kein Wort mehr von mir!“
Vildan Hanım schüttelte den Kopf. „Warum müssen die jungen Leute so unbedacht sein?“
„Wie Daffyd!“, bemerkte Sibylle. „Genau das Gleiche.“
„Aber mein Rahmi ist ein herzensguter Mensch. So was macht er nicht“, sagte die Mutter.
„Sag ich doch die ganze Zeit!“, trumpfte Hakan auf.
„Nur“, wandte Sibylle ein, „er ist nicht er selbst, er ist ein Anderer. Wer weiß, was dieser Andere macht!“
„Und was sollen *wir* machen?“ Hakan schaute von der einen zur anderen.
Sibylle schlug vor, die Polizei zu benachrichtigen, was Vildan Hanım aber strikt ablehnte. Polizei vor der Haustür? Am ersten Bayram-Tag? Nein! Hakan fand das auch ziemlich aussichtslos.
„Hakan!“ Seine Mutter schaute ihm fest in die Augen. „Ich weiß, dass du ihn liebst. Noch bis vor Kurzem habt ihr Wasser aus demselben Glas getrunken.“ In Hakans Ohren klang ihre Stimme unerträglich süß.
„Schon. Aber wenn er seine Nase in meine ...“
„Geh ihn suchen. Du musst ihn finden.“
„Mama, wo soll ich ihn finden? Die Stadt ist groß!“
„Geh in die Moschee! Frag, ob er gestern Abend dort war!“
In diesem Moment füllte das fleischige, runde Gesicht des *Imam*, des Vorbeters, in Nahaufnahme den Bildschirm. Hakan hatte die Übertragung des Festtagsgebets, die die ganze Zeit im Fernsehen weitergelaufen war, völlig vergessen. Nun führte der *Imam* unter dem grün-weißen Wickelturban die Hände an die Ohren, die Daumen berührten die Ohrläppchen. *„Allahü ekber! Allahü ekber!“* Allah ist groß.

Die Betenden warfen sich zu Boden.
„Hakan, jetzt! Sofort!“, ermahnte ihn seine Mutter.
Langsam wandte sich Hakan ihr wieder zu. „Okay, mach ich.“
Seine Mutter umarmte ihn seufzend und gab ihm einen Klaps auf die Schulter. „Bin ja schon weg!“
„Komm nicht ohne deinen Vater nach Hause“, rief Sibylle ihm in den Flur hinterher.
„Ich werde mein Bestes tun!“
Er schlüpfte in die Nikes. Riesenlappen, Größe 44.
Serap kam aus ihrem Zimmer. „He? Wo gehst du hin?“
„In die Moschee“, antwortete Hakan. „Wohin sonst?“
„Du? In die Moschee?“
„Du kennst die verborgenen Tiefen deines Bruders nicht.“
Hakan drückte den Zeigefinger auf Seraps Nase. Das hasste sie.

Immer hatte Hakan geglaubt, man brauche nur zu relaxen und den Überblick zu wahren, um mit den Höhen und Tiefen der Tretmühle fertig zu werden.
Nichts an sich heranlassen, nichts überstürzen.
Alles abprallen lassen.
Zurücklehnen und die Lage peilen, dann fällt einem schon was ein. Bodysurfing – sein Rezept für das Bewältigen der kleinen und mittleren Missgeschicke des Alltags. Ob es auch bei den großen wirkte?
Die Neuigkeit hatte ihn eiskalt erwischt. Er bereute – bereute, dass er sich auf diesen blöden Schlagabtausch eingelassen hatte. Hätte er doch den Klügeren markiert und Papa einfach reden lassen. Kopfhörer auf, den Knopf gedrückt, und er hätte reden können, bis ihm der Mund fusselig würde. Aber nein, Hakan hatte sich da hineinsteigern müssen. Und gesagt: Du kannst einem leid tun. Für seinen Vater,

in dem sich ein enormer Mangel an Selbstwertgefühl mit einer ebenso großen Dosis an Selbstverachtung zu einem explosiven Cocktail mixte, war das genau der fehlende Tropfen gewesen.

Das Hosenbein vibrierte. Er holte sein Handy heraus – eine SMS. Von Daffyd. *Wo bleibst du?*

Ihn und Wahib hatte Hakan ganz vergessen. Er tippte ein: *Vater entlaufen. Gehe suchen.* Schickte ab.

Die Antwort ließ nicht lange auf sich warten: *Wir suchen mit.*

Hakan: *Bin gleich da.*

Serdar empfing ihn mit einem *Bayramin kutlu olsun.*

Daffyd war sauer: „Mensch! Erst drängst du darauf, dass wir uns so früh treffen, dann kommst du nicht. Wir warten schon tierisch lange!"

„Mach keinen Zoff!", sagte Hakan. „Ihr habt es ja überlebt."

Weil er seiner Mutter versprochen hatte, am Nachmittag zu Hause zu sein, hatte er sich gestern für heute früh mit ihnen zu Aufwärmübungen im Lagerschuppen verabredet. Damit sie um die Mittagszeit am Potsdamer Platz auftreten konnten. Bayram-Stress.

„Wo steckt dein Alter?", fragte Serdar. „Wie soll ich meine Wette gewinnen, wenn er sich nicht bei mir blicken lässt. Schick ihn doch mal vorbei."

Hakan fiel ein, dass er noch gar nicht gefrühstückt hatte. Sogar seiner Mutter, die immer damit nervte, war das nicht aufgefallen. Er hätte sich jetzt bei Serdar was geben lassen können. Doch war ihm nicht danach.

Die Tür wurde aufgestoßen, Serdars Vater schleppte einen schweren Döner-Spieß herein. Der Transporter stand vor der Tür.

„Papa, das an deinem Geburtstag?“ Serdar lief ihm entgegen und nahm ihm den Spieß ab.

Mit heimlicher Bewunderung schaute Hakan zu, wie Vater und Sohn gemeinsam den Spieß in den Grill einhängten. Hüseyin Bey war wahrhaftig ein Mann, der zupackte.

„Jedes Kälbchen hat Geburtstag“, schnaubte Hüseyin Bey. „Darauf braucht man sich nichts einzubilden. Nur der eigene Verdienst zählt. Was habe ich heute geschafft? Das sollte sich der Mensch jeden Abend vor dem Einschlafen fragen.“

„Wie alt werden Sie denn?“, fragte Wahib.

Hüseyin Bey drehte sich zu den drei Jungs.

„Verrat ich euch nicht. Auf jeden Fall nicht umsonst. Dafür zeigt mir erst mal, was ihr könnt. Könnt ihr kopfrechnen?“

„Es geht so“, sagte Daffyd. „Mit Zahlen bis zehn klappt es ganz gut.“

„Wer im Geschäftsleben Erfolg haben will, muss schnell kopfrechnen können. Sonst wird man immer in die Pfanne gehauen. Wie wär’s mit einem Schnellkurs? Gratis!“

„Das will was heißen.“ Serdar zwinkerte seinen Freunden zu.

„Also passt auf, Jungs! Ich frage euch nicht nach eurem Alter, sondern rechne es mir aus. Denkt euch jeder im Stillen eine Zahl.“

„O nein!“ Serdar drehte die Augen zur Decke. „Nicht das schon wieder.“

Hakan liebte Zahlenspiele. Er dachte an 13, seine Glückszahl. Auch Daffyd und Wahib waren ganz bei der Sache.

„Nehmt diese Zahl mal zwei und zählt fünf dazu.“

Das ergab 31.

„Jetzt nehmt ihr das Ergebnis mal fünfzig.“

Also zwei Nullen dranhängen und dann halbieren. Hakan bekam 1550.

„Zählt mal schön 1751 dazu. Wer in diesem Jahr seinen Geburtstag noch nicht hatte, nimmt 1750. Anschließend zieht euer Geburtsjahr davon ab. Was habt ihr bekommen?"
Hakan hatte seinen Geburtstag schon längst. Er zählte 1751 zu 1550 und zog sein Geburtsjahr 1987 davon ab.
„1314", rief er.
„13 ist deine Zahl und 14 dein Alter", sagte Hüseyin Bey stolz.
„Stimmt!" Hakan war baff. Was für ein Fuchs, dieser Mann. Kein Wunder, dass er es hier zu Wohlstand gebracht hatte – anders als Hakans Vater, der zusammen mit ihm nach Deutschland gekommen war.
Daffy hatte 714 und Wahib 316. Stimmte alles genau. „Mit 46 bin ich euch um einiges voraus", sagte Hüseyin Bey.
„Geht das immer auf?", wollte Daffyd wissen. Aber Hakan hatte es eilig.
„Wenn ihr mitkommen wollt, müssen wir jetzt", drängte er.
„Wo geht ihr denn hin in aller Frühe?", fragte Serdar.
„In die Moschee", sagte Hakan.
„Ihr?", rief Serdar verblüfft. Dann brach er in Gelächter aus.
„Guter Witz! Den muss ich unbedingt weitererzählen."

7

Auf der anderen Straßenseite lief ein Pulk schmuck herausgeputzter Kinder mit Tüten in der Hand.
„Bayramınız kutlu olsun!“, rief Hakan zu ihnen hinüber.
„Bayramınız kutlu olsun!“, riefen sie alle durcheinander in verschiedenen Stimmhöhen zurück. Daffyd und Wahib winkten ihnen.
Solche Feste sind etwas für Kinder, dachte Hakan. Und alte Leute. Alle, die ein bisschen Grips im Kopf haben, empfinden Bayram als lästig. Für Rahmi Bey war es wohl schier unerträglich. Auch Daffyd glaubte, nicht der Streit zwischen Hakan und seinem Vater, sondern der Festtagsstress sei für dessen Verschwinden verantwortlich. Ob sie in der Moschee etwas über ihn erfahren würden?
Über Nacht war es trocken geblieben. Man sah die Stadt wie durch ein Objektiv mit starkem Graufilter. Einer verschmutzten Tagesdecke gleich lagen die Wolken flach auf den Dächern, vollgesogen mit Regen oder mit Schnee. Regen war wahrscheinlicher und Hakan fast lieber. Seitdem der Hauswart des Nachbarhauses sich den Turboblasebalg angeschafft hatte, brachte er Schnee unweigerlich mit Motorengeräusch in Verbindung.
Die Moschee – kein Minarett, von dem aus der Muezzin zum Gebet rufen konnte, keine Kuppel, kein Hof, kein Brunnen – nichts. Ein ehemaliger Edeka-Laden, in dem man jetzt, anstatt Cornflakes zu verkaufen, Glauben offerierte.

Minarett *Turm einer Moschee*
Muezzin *Ausrufer zum Gebet*

Das Gebet war gerade zu Ende. Mit dem entrückten Ausdruck religiöser Verklärung auf den Gesichtern, noch versunken in fromme Gedanken kamen die Männer heraus, banden auf dem Mauervorsprung an der breiten Fensterfront ihre Schnürsenkel, zündeten sich eine Zigarette an. Rauchend tauschten sie Festtagswünsche aus.

„Wo geht es hier zum Heiligen Krieg?", flüsterte Daffyd Hakan scherzhaft ins Ohr und drückte sich die Mütze fester auf den Kopf, als wäre sie ein Helm, der ihn vor Bomben schützen könnte.

Hakan bahnte sich einen Weg. Im Vorraum zog er die Schuhe aus und stellte sie in die Ablage. Daffyd und Wahib blieben an der Tür.

„Kommt doch rein!", sagte Hakan zu ihnen.

„Dürfen wir?" Die beiden zögerten.

„Natürlich dürft ihr." Der Imam, ein Mann mittleren Alters mit Turban, aber ohne Bart, stand hinter Hakan. Es war Nuri Hoca, der Korangelehrte. „Zum Gebet kommt ihr allerdings zu spät."

„Wir suchen Rahmi Aslan", erklärte Hakan, während er sich Pantoffeln überzog.

„Bist du sein Sohn?"

Hakan nickte.

„Heute war er nicht da", sagte Nuri Hoca. „Zuletzt habe ich ihn gestern Abend gesehen. Allah hilft denen, die in Bedrängnis geraten. Er könnte öfter kommen."

„Wissen Sie, wo er jetzt ist?"

„Nein, das weiß nur Allah."

Na toll! Sollte man vielleicht Allah eine SMS senden und Ihn fragen? Nuri Hoca hatte bestimmt die Nummer. Bei dem direkten Draht!

„Möge der Allmächtige ihm beistehen", sagte der Hoca. „Wir alle brauchen seinen Beistand. Rahmi Bey, wie mir scheint, mehr noch als andere." Sein Gesicht wirkte streng, doch seine Stimme klang angenehm und frei von salbungsvoller Verstellung. „Manche suchen Seine Nähe, wenn sie in Not sind. Andere lehnen sich gegen Ihn auf. Dein Vater braucht seine Hilfe. Nach dem Gebet wollte ich mit ihm reden, aber er war verschwunden. Zuletzt sah ich ihn mit Gözlüklü Mahmut hinausgehen."

Gözlüklü – der mit der Brille.

Hakans Blick schweifte über die vor der Tür stehenden Männer.

„Eben war er noch da", sagte Nuri Hoca. „Aber er kommt bestimmt zum Mittagsgebet wieder. Gegen zwölf."

Die Uhr auf der Wand zeigte kurz vor elf.

„Ihr könnt hier warten." Er zeigte auf die Leseecke, eine niedrige Sitzbank mit Kissen um einen holzfurnierten Tisch. In einem Regal stand eine Reihe dicker, gebundener Bücher, alle gleich groß und von gleicher Farbe. Sie sahen unberührt aus.

Er wandte sich an Daffyd und Wahib. „Als Gott die Welt schuf", setzte er unvermittelt an, „war er mit dem Ergebnis nicht zufrieden. Etwas fehlte ihm. Da schuf er Adam und Eva."

„Von denen habe ich auch schon gehört", murmelte Daffyd mürrisch.

„Alle Menschen stammen von ihnen ab. Wir sind alle Brüder. Dieses Gotteshaus steht jedem offen. Nehmt Platz."

Sie setzten sich auf die Bank. Ihre Gesichter sagten: Und was jetzt? Müssen wir uns Gesülze anhören?

Es kam, wie es kommen musste. Nuri Hoca setzte sich ihnen gegenüber.

„Der Islam kennt keinen Sündenfall", fuhr er fort. „Eva ist bei uns keine Sünderin, sie ist die Urmutter aller Menschen."

Hakan schaute auf die Uhr – noch eine gute Stunde. Der Bogen, den Nuri Hoca zu schlagen begann, holte weit aus, sehr weit. Hakan schaltete sein Gehirn in den Schlafmodus.

„Im Koran ist die Frau dem Mann gleichgestellt. Mohammed war kein Feind, sondern ein Freund der Frauen."

Volles Programm. Waschen, Spülen und Legen, alles inklusive. Und dann wird der Föhn eingeschaltet.
„Ja, das war er wirklich“, bestätigte Wahib.
„Im vorislamischen Arabien war die Frau eine Ware, sie wurde ver- und gekauft. Mohammed befreite sie aus den Fesseln der Stammesgesellschaft. Unter seinen ersten Anhängern waren viele Frauen. Eine von ihnen, Hatice, die später seine Ehefrau wurde, war eine Kaufmannswitwe, viel älter als er und sehr einflussreich. Sie leitete eine internationale Handelsgesellschaft. Im wahren Islam gebührt den Frauen Respekt. Es heißt: Das Paradies liegt ihr zu Füßen.“
In Daffyd und Wahib sah der Hoca eine Art Rohmaterial. Er konnte ja nicht wissen, dass Wahib, wie die meisten

Menschen in Somalia, selbst Muslim war. Hakan, bei dem er offenbar jede Mühe für vergebens hielt, ließ der Hoca links liegen, um sich lieber dem unbehandelten Naturerz zu widmen.

„In der Praxis sieht es aber etwas anders aus", warf Daffyd ein.

„In vielen islamischen Länder ist die Lage der Frau heute nicht gerade rosig. Der Taliban steckt sie in Mehlsäcke, erkennt ihnen alle Rechte ab."

„Und beruft sich dabei auf den Koran", sagte Hakan.

„Viele Worte Mohammeds, die *hadis*, wurden verzerrt. Einige hat man absichtlich falsch interpretiert, andere legte man ihm einfach in den Mund. Außerdem: Was damals Gültigkeit besaß, was fortschrittlich war, ist heute überholt. Die *hadis* müssen den Bedürfnissen der modernen Gesellschaft entsprechend neu interpretiert werden. Vor 1400 Jahren, als der Islam sich ausbreitete, sprach man vom Heiligen Krieg. Heute klingt das in unseren Ohren abstoßend. Aber Verrückte finden sich immer und überall. Muslime müssen sich gegen solche Wirrköpfe wehren und die Zentralbotschaften ihrer Religion – Friede, Gerechtigkeit und Liebe – verbreiten."

Daffyd fragte: „Wieso müssen Frauen ein Kopftuch tragen?"

„Beim Gebet ist es vorgeschrieben. Wenn eine Frau nach dem Gebet ihr Kopftuch ablegen will, steht ihr das frei. Leider ist das Kopftuch zum Symbol geworden. Von Fanatikern wird es als politisches Zeichen benutzt. Der Westen sieht darin einen Beweis für die Unterdrückung der Frau. Beides ist falsch. Der Westen erkennt nur in der Kopftuchfrau die Muslimin. Sobald sie es ablegt, wird sie als solche nicht wahrgenommen. So verfestigen sich Klischees und werden schließlich zu Feindbildern."

Einige Mädchen in der Schule bedeckten ihr Haar gegen

den Willen ihrer Eltern. Damit wollen sie ihr Anderssein zeigen, Klischees entlarven und ihre Solidarität mit den Ausgestoßenen demonstrieren, sagt Sema. Sie kam eines Tages, überraschend für alle, verhüllt zur Schule. Unter ihrem langen Mantel trug sie weiterhin ihre Markenjeans und Joggingschuhe.

Vor ein paar Tagen liefen hinter Hakan zwei Mädchen mit Kopftüchern auf der Straße. Er hörte, wie sie über Jungs sprachen. Er wurde rot bis zu den Ohren. Die Vokabeln, die sie benutzten, würde er nicht in den Mund nehmen. Süha mit seinem Wortschatz an Obszönitäten war ein Waisenkind dagegen.

Gut, die Lage der Frau in der islamischen Türkei ließ viel zu wünschen übrig, da gab es nichts zu beschönigen.

War aber hier alles in Butter? Ein Blick auf das Berufsleben, auf die Politik, Technik und Wissenschaft zeigt eindeutig: *It's a man's world.*

In der Türkei, selbst auf dem Lande, gibt es starke Frauen, die souverän über eine Heerschar von Söhnen und den Ehemann herrschen.

Bei Hakan zu Hause bestimmte die Mutter, der Vater war froh, dass sie ihm die Last des Entscheidens von seinen schmalen Schultern nahm. Ganz so klar lagen die Dinge nicht. „Der Islam hat viele Gesichter, nicht nur eines“, sagte Nuri Hoca. „In jedem Land sieht die religiöse Praxis anders aus. Die islamische Mystik Anatoliens, der *Sufismus*, predigt Toleranz, betont die Würde des Menschen unabhängig von Glaube, Herkunft und Geschlecht. Ein Sufi setzt die Liebe zu Menschen, zu Tieren, zur Natur mit der Liebe zum Schöpfer gleich. Und trotzdem sieht man immer nur die hässliche Fratze des Fanatikers. Das bringt Einschaltquoten und Auflagen. Im Osmanischen Reich lebten Muslime, Christen und Juden zusammen.“

„Das finde ich super!", sagte Daffyd.

Hakan sah sich um: In einer Ecke war *mihrap*, die Gebetsnische, die nach Mekka zeigt, wohin die Betenden sich wenden. Und das Stufenpodest dort war *minbar*, die Kanzel, von der der Hoca predigt. An der Wand prangte ein Bild der *Kabe*, dem Pilgerort im saudiarabischen Mekka mit dem schwarzen Felsen, von dem der Prophet Mohammed zum Himmel aufstieg.

In einer Ecke hing ein Porträt Atatürks.

Da hatte Hakan den letzten Beweis dafür, dass sie nicht in eine Fundi-Höhle geraten waren. Denn die hassten Atatürk wie den Teufel. Dies war offenbar eine Moschee des türkischen Amtes für religiöse Angelegenheiten.

Fundis *fundamentalistische Muslime*

Das Porträt war auch Wahib aufgefallen. „Wer ist dieser Mann?", fragte er. „Der Ober-Mufti der Türken?"

Nuri Hoca lachte. „Das ist Atatürk, der Gründer der modernen Türkei. Er hat die Scharia, die islamische Gesetzgebung, abgeschafft. Nicht nur wegen seines Sieges über die Kolonialmächte, auch für seine sozialen und politischen Reformen wird er von uns verehrt. Er führte die westliche Schrift und ein neues Zivilrecht ein – und das Wahlrecht für Frauen. Zu seiner Zeit, vor fast achtzig Jahren, gab es mehr weibliche Abgeordnete im türkischen Parlament als heute."

Ein modern denkender Hoca – gibt es das denn? Nur mit Mühe konnte Hakan das Aufklappen seines Kiefers unterdrücken. Er schaute nochmals auf die Uhr.

Nuri Hoca übersah das nachsichtig lächelnd. „Der Islam erkennt unter anderen auch Jesus und Moses als Propheten an. Muslime, Christen und Juden beten zum gleichen Gott. Es gibt nur einen Gott. Die Wege, die zu ihm führen, sind unterschiedlich, aber das Ziel ist das gleiche."

„Uns Deutschen würde die Fähigkeit, sich in die Lage anderer zu versetzen, nicht schaden", sagte Daffyd. „Manchmal sind wir ganz schön besserwisserisch und engstirnig. Wissen Sie, wie ich das meine?“

Nuri Hoca ging nicht darauf ein. Offensichtlich fühlte er sich nicht zuständig für die Malaisen der Deutschen. „Nach diesem schrecklichen Attentat vom elften September hat man die Türkei als Vorbild für islamische Länder entdeckt. In Afghanistan und Pakistan schauen demokratische Kräfte und gemäßigte Muslime auf die Türkei.“

Das stimmte. Atatürk hatte ja den Islam nicht abgeschafft, er hatte nur eine Art *Islam light* eingeführt.

Hier beendete Nuri Hoca das Gespräch, um mit den Vorbereitungen für das Mittagsgebet zu beginnen. Fünfmal am Tag soll ein Muslim beten. Wie viele schaffen das?

Daffyd war nachdenklich geworden. „Ich wusste das alles gar nicht. Bekommt man ja nirgends gesagt. Der Hoca ist cool! Den laden wir in unser Café ein.“

„Wir schicken ihm eine Einladung zum Eröffnungsfest“, schlug Wahib vor.

„Viele Deutsche denken jetzt, alle Muslime seien wie bin Laden“, sagte Daffyd.

„Es gibt solche und solche“, sagte Hakan.

Wahib ging zwar auch nicht in die Moschee, doch achtete er darauf, kein Schweinefleisch zu essen. Im Ramadan hatte er, wenn auch nicht alle dreißig Tage, so doch ab und an gefastet. „Ich will nicht, dass man in Somalia von mir sagt, ich sei unter Christen vom Islam abgefallen“, hatte er einmal erklärt, als Hakan und Daffyd ihn darauf ansprachen. Ob Wahib Somalia und seine Eltern je wiedersehen würde? Ob er dort überhaupt leben könnte? Er hielt sich an der Idee fest, eines Tages mit Taschen voller Geld zu seinen Eltern zu reisen und ihnen einen bescheidenen Wohlstand zu ermöglichen. Der Gedanke an Wahibs Eltern erinnerte Hakan an seinen Vater.

„Was ist, Hakan?“, fragte Daffyd, der dessen plötzlichen Stimmungswechsel bemerkt und den Grund erraten hatte. „Wir hören nicht eher auf zu suchen, bis wir ihn gefunden haben. Und wenn wir die ganze Stadt auf den Kopf stellen. Darauf kannst du dich verlassen.“

Inzwischen kamen immer mehr Leute herein. Bei jedem Brillenträger suchte Hakan fragend Nuri Hocas Blick, jedes Mal schüttelte dieser den Kopf.

Als Hakan die Sache schon verloren glaubte, ging die Tür noch einmal auf und ein Mann mit Brille trat ein.

Nuri Hoca nickte.

Hakan fing den Mann im Vorraum ab. „Sind Sie Mahmut Bey?“

„Ja.“

„Ich bin der Sohn von Rahmi Aslan.“

Der Mann trat einen Schritt zurück und musterte Hakan von oben bis unten.

„Rahmis Sohn!“, sagte er lächelnd. „Zweimal so groß wie der Vater. Sag mal, wie alt bist du denn?“

„Vierzehn, bald fünfzehn. Haben Sie gestern Abend meinen Vater gesehen?“

„Nach dem Abendgebet hat Rahmi mich bis zu meinem Haus zwei Straßen von hier begleitet. Gutmütiger Kerl, dein Vater, zu gut für diese Welt. Er macht sich zu viele Gedanken. Das bekommt ihm nicht.“

„Wissen Sie, wo er jetzt sein könnte?“

„Keine Ahnung! An meiner Haustür nahmen wir Abschied. Er sagte, er wolle bei Niyazi vorbeischauen.“

„Ist dieser Niyazi Bey heute hier?“

„Nein, er wohnt nicht mehr im Wedding.“

„Haben Sie seine Telefonnummer?“

„Ja, aber wo?“ Er grub in seinen Manteltaschen. „Wenn ich das wüsste.“

Die Leute reihten sich schon zum Gebet ein.
„Wir sind spät dran. Komm, wir waschen uns erst. Nach dem Gebet finde ich sie bestimmt.“ Mahmut Bey griff Hakan am Arm und führte ihn in den Waschraum. Wahib folgte ihnen. Daffyd hatte sich diskret aus dem Staub gemacht.
Der Mann krempelte die Ärmel hoch, formte die Hände zu einer Schale und ließ Wasser über die Unterarme laufen. Dann wusch er sein Gesicht, die Ohren, nahm Wasser in den Mund, gurgelte und spie es wieder aus. Ihn aus den Augenwinkeln beobachtend, ahmte Hakan, der nicht den blassesten Schimmer von der rituellen Waschung und dem Gebet hatte, mit einem halben Takt Verzögerung alles nach.
Sie betraten den Gebetsraum. Hakan spürte, wie er vor Scham rot wurde bis zu den Haarspitzen. Während er in einem extrem peinlichen Scheingebet immerfort die Lippen bewegte, auf die Knie fiel, sich niederwarf, sich auf die Fersen setzte, den Kopf nach rechts und nach links zum Gruß drehte, fragte er sich, ob er überhaupt zu dieser Gemeinschaft gehörte. Seine Welt, die des Rap, des *Breakdance* und der Mädchen, und die Welt dieser frommen alten Männer berührten sich nirgends. Wenn ihn aber jemand nach seiner Religion fragte, antwortete er ohne Zögern: „Islam.“
Was machte ihn zu einem Muslim? Allein die Tatsache, dass seine Eltern Muslime sind?
Bei all den Differenzen mit seinem Vater war die Religion nie ein Konfliktthema. Hakans Vater war gläubig, doch weder orthodox noch fanatisch. Für Rahmi Bey war der Glaube eine private Angelegenheit, die man nicht zur Schau stellte und die keiner Vermittlung bedarf. Er hatte seinen Sohn nie dazu angehalten, die Moschee oder einen Korankurs zu besuchen. Mit Staunen stellte Hakan fest, wie die liberale Haltung seines Vaters ihn geprägt hatte.

Hakan war ungeheuer erleichtert, als der Hoca sie endlich entließ.
„Möge Allah unsere Gebete erhören“, sagte Mahmut Bey, während er sich die Brille putzte.
Wahib hatte alles mitgemacht. Sie gingen hinaus. Da gesellte sich Daffyd, der die ganze Zeit vor der Tür gewartet hatte, zu ihnen.
Umständlich suchte Mahmut Bey in seinen Taschen, bis er endlich sein abgegriffenes Adressbuch fand. Die alphabetische Reihenfolge bedeutete ihm anscheinend nicht viel, er hatte sein eigenes Ordnungssystem entwickelt. Seite für Seite blätterte er um, laut die Namen lesend.
„Da ist er! Niyazi Kurt. Habt ihr was zum Schreiben?“
Hakan holte sein Handy heraus.
„Vier vier ...“ Eine blecherne Stimme scholl aus dem Hörer. „Dieser Anschluss ist vorübergehend ...“
„Ach!“, rief Mahmut Bey. „Er hat seine Telefonrechnung nicht bezahlt. Er ist arbeitslos. Möge Allah ihm beistehen.“
„Wo finden wir ihn?“, fragte Daffyd. „Haben Sie seine Adresse?“
„Hier ist sie! Winsstraße 8.“
„Winsstraße? Das ist hinter dem Kollwitzplatz“, sagte Wahib.
„Wie kommen wir da hin?“, fragte Hakan.
„Na, mit der Fußbahn natürlich, wie dein Vater.“
Gesagt, getan. Sie hatten sich schon entfernt, als Hakan sich noch einmal umdrehte.
„Vielen Dank, Mahmut Amca!“, rief er. „Möge Allah Ihr Gebet erhören.“
Mahmut Bey war auf dem Bürgersteig stehen geblieben und schaute ihnen nach. „Grüß Rahmi von mir“, rief er zurück. „Junge, du bist deinem Vater wirklich wie aus dem Gesicht geschnitten. Und du hast die gleiche Art zu gehen.“

8

Die Bellermannstraße brachte Hakan, Daffyd und Wahib zum Gesundbrunnen Center, einem kolossalen Gebäude, das mehrere Häuserblöcke umfasst. Gegenüber versprach ein kleiner Laden: *Kochen ohne Wasser, braten ohne Fett.* Das Center machte es dem Kleingewerbe nicht leicht.

Auf der Swinemünder Brücke kam ihnen ein Mann mit einem Hund entgegen, einem Boxer mit kräftiger Schnauze, herabhängenden Lefzen und kurz kupiertem Schwanz. Herr und Hund beanspruchten in zweisamer Eintracht den Bürgersteig für sich allein; der Mann dachte nicht daran, die Leine kürzer zu ziehen. Offenbar brauchte er diesen Sicherheitsabstand zu anderen Menschen. Der Hund beschnupperte den Gehsteig, als wolle er in seinem gedrungenen Kopf die olfaktorische Karte der Brücke aufzeichnen. Die Jungs hielten es für klüger, ein Stück auf die Fahrbahn auszuweichen. Weder der Hund noch der Mann nahmen in irgendeiner Weise Notiz von ihnen.

Lefze *herabhängende Lippe beim Hund*
kupiert *gestutzt, gekürzt*
olfaktorische Karte *Geruchskarte*

„Könnte wenigstens mal danke sagen“, murrte Daffyd.

Daffyd, Hakans bester Freund. Seit acht Jahren hielt die Freundschaft unvermindert an, mit nur einer einzigen Unterbrechung – wegen dieser Sache auf der Klassenfahrt.

Zurück in Berlin waren die beiden sich aus dem Weg gegangen. In der Schule war das nicht einfach, Hakan musste den Sitzplatz tauschen. Frau Holbein fragte nach dem Grund, aber die anderen brachten sie mit dezenten optischen Zeichen zum Schweigen.

Erst nach gut einer Woche renkte sich dann alles wieder ein, ‚dank‘ eines sehr unfreulichen Zwischenfalls in der Schule. Hakan war erst am Ende der großen Pause eingefallen, auf die Toilette zu gehen, wo er auf Daffyd traf. Der kam gerade heraus. Den Blickkontakt meidend manövrierten sie in der schmalen Tür aneinander vorbei.

Dann ging alles sehr schnell. Plötzlich standen diese beiden Typen da, die Anfang des Jahres in ihre Schule versetzt worden waren, weil sie in ihrer vorherigen etwas ausgefressen hatten. Richtige Ekel waren das, alle mieden sie. Und ganz offensichtlich lag ihnen auch nicht daran, Anschluss zu finden. Bei jeder Gelegenheit machten sie deutlich, dass sie die Schüler hier für Laumänner hielten. Langsam wusch Hakan seine Hände mit Flüssigseife und trocknete sie mit aller Sorgfalt, um die Begegnung mit den beiden an der Tür möglichst lange hinauszuzögern. Die standen da und machten keinerlei Anstalten, sich zu verziehen. Als Hakan notgedrungen zwischen ihnen hindurchwollte, fuhr wie eine Schranke ein Bein hoch.

„Lasst mich mal durch!", sagte Hakan bemüht ruhig.

„Erst wenn du das Deutschlandlied singst", sagte der Größere, liebevoll seine Faust streichelnd. Ein Eisenring hing daran.

Da ertönte eine laute Stimme: „Wenn ihr nicht sofort aufhört, hole ich den Hofdienst."

Es war Daffyd.

Der Kleinere hielt eine Getränkedose in der Hand. Sich abrupt umdrehend schleuderte er sie nach Daffyd. Die Dose traf die Wand dicht neben seinem Kopf.

Schnell schlüpfte Hakan hinaus, jedoch nicht schnell genug, als dass einer der Typen ihm nicht noch einen Tritt mit seinem Stiefel versetzen konnte. Hakan stolperte, fiel aber nicht. Ein Tritt in den Hintern war ihm allemal lieber als ein Schlag mit dem Faustring mitten ins Gesicht oder ein Butterfly-Stich.

Oben im Klassenzimmer setzte sich Hakan wieder neben

Daffyd. Und alles war wieder genau wie früher. Kein Wort mehr von der Strandgeschichte.
Als Hakan kurze Zeit später mit Daffyd und anderen Kumpeln ins Stadtbad ging und diese nackt duschten, zog auch er seine Badehose aus. Er wollte zeigen, dass ihm das nichts mehr ausmachte. Oder vielleicht wollte er einem ähnlichen Vorfall vorbeugen. In Abwesenheit von Mädchen fiel es ihm leichter. Seine Reaktion damals schien ihm jetzt übertrieben.
Vergeblich hatte Daffyd Hakan zu überreden versucht, den Übergriff beim Rektor zu melden. Hakan wollte nicht. Doch musste Daffyd es zu Hause erzählt haben, denn am nächsten Tag kreuzte – ja, wer denn sonst? – Sibylle in der Schule auf und führte ein langes Gespräch mit dem Rektor. Danach passierte mehr als Hakan lieb war. Es gab eine Podiumsdiskussion über Zuwanderung, die ziemlich chaotisch verlief und alle Beteiligten unzufrieden ließ. Entsetzen, Empörung – diese Vokabeln hatten Hochkonjunktur. Die beiden Ekel wurden von der Schule verwiesen.
Das war das erste und letzte Mal, dass Hakan dergleichen erlebte. Es reichte dicke.
Luigi hatte es härter erwischt. Er und Laura waren im Sommer mit der S-Bahn bis zur Endhaltestelle gefahren und von dort aus zu Fuß bis in die Nähe einer kleinen, an einem See gelegenen Ortschaft gewandert, wo sie übers Wochenende zelten wollten. Sie fanden einen netten Platz am bewaldeten Ufer, schlugen ihr Zelt auf und machten sich einen schönen Badenachmittag. Gegen Abend kam Besuch. Eine Gruppe Kahlköpfe versammelte sich am Steg. Luigi und Laura wussten, dass es unter den Glatzen solche und solche gibt. Einige Skins sind friedlich, sogar alternativ eingestellt und haben mit den Fascho-Skins nichts am Hut. Die am Steg waren aber von der üblen Sorte.

Bald begann das Abendprogramm: Saufen, ätzende Lieder, alles, was dazugehört. Rasch wurde den beiden klar, dass es nicht ratsam war, bis zum Ende des Programms zu warten, zumal sie richtig peilten, dass als Höhepunkt sie vorgesehen waren. Sie packten ihr Zelt wieder ein und machten sich auf den Weg. An der nächsten Waldkreuzung wartete man auf sie.

Das Gespräch fing harmlos an.

„Wie heißt du?", fragte einer der Kahlköpfe Luigi und leuchtete ihm mit seiner Taschenlampe ins Gesicht.

Luigi ist so ein Grenzfall. Er hat eine deutsche Mutter und einen italienischen Vater, spricht akzentfrei Deutsch. Hätte er Dani oder Michael gesagt, hätten die Skins ihn wahrscheinlich gehen lassen. Aber nein, er musste die Wahrheit sagen.

„Das ist kein deutscher Name", stellte der Kahlkopf fest und tätschelte Luigis Wange. Luigi spürte ein kurzes, kaum merkliches Prickeln, dachte sich aber nichts dabei.

Die beiden liefen weiter, als Luigi ein dicker roter Klecks auf den Schuh tropfte. Er berührte seine Unterlippe – sie war aufgerissen. Der Skin hatte ihm mit einem zwischen den Fingern versteckten Rasierklingensplitter die Lippe aufgeschlitzt.

Luigi und Laura war mehr als mulmig zumute, einen Pulk Skins auf den Fersen, Luigi wie ein angestochenes Schwein aus der Lippe blutend. Die Angst, es könnte jeden Augenblick über sie hereinbrechen, saß ihnen buchstäblich im Nacken, eine begründete Angst, denn für die Skins wäre es ein Klacks gewesen, ihnen im Wald den Garaus zu machen. Doch so wäre der Spaß zu schnell vorbei gewesen. Sie hatten mehr davon, ihre Opfer über längere Zeit zu peinigen.

Beim ersten Haus im Dorf fanden die beiden endlich Zuflucht. Die Leute erlaubten ihnen, im Garten zu zelten,

unternahmen aber nichts weiter. Sie zogen die Gardinen zu, auf denen bald das Licht des Fernsehers zu flackern begann.
Die ganze Nacht mussten Luigi und Laura sich anhören, wie die Meute in unmittelbarer Nähe eine Party feierte. *The Voice, Böhse Onkelz, Noie Werte*, gelegentliches Gebrüll. Bei jedem Rascheln im Garten zuckten die Eingeschlossenen zusammen.
Gegen Morgen wurde es ruhig.
Vorsichtig steckte Luigi die Nase hinaus: Keiner war zu sehen. Schnell packten sie ihre Sachen zusammen und machten sich im Laufschritt davon. Erst als die S-Bahn losfuhr, atmeten sie auf.
Das war knapp gewesen. Am meisten hatte Luigi um seine Hände gefürchtet. Er spielt nämlich Klavier. Er möchte Konzertpianist werden.
Solche krasse Geschichten passierten selten, aber es gab andere Dinge, die Hakan wurmten. Zum Beispiel, wenn im überfüllten Bus der Platz neben ihm leer blieb. Oder wenn der eine oder der andere Lehrer unbedacht davon sprach, etwas sei „getürkt“, man habe „einen Türken gebaut.“
In ihren ersten Monaten in Berlin hatte Pa einmal versucht, das Auto aus einer viel zu kleinen Parklücke zu bugsieren. Hinter ihnen wartete schon jemand, der, scharf auf die Lücke, vor Ungeduld zu hupen begann. Der Vater wurde nervös und stellte sich ungeschickt an. Da kurbelte der Rüpel sein Autofenster herunter und rief: „Ausländer, was?“
Der Vater tat, als hätte er nichts gehört und fuhr einfach weiter. Das hat ihm Hakan, damals gerade sieben, nie verziehen. *Ausländer, was?*, hatte jemand zu *seinem* Vater gesagt und der hatte sich nicht mal gewehrt. An dem Tag zweifelte Hakan zum allerersten Mal, ob sein Vater vielleicht doch nicht so stark war, wie er immer geglaubt hatte. Gleichzeitig

fühlte er sich mitschuldig an dieser Demütigung. Papa war angegriffen worden, weil er der Vater eines ausländischen Kindes war. Lange Zeit nach diesem Vorfall hatte der kleine Hakan von einer Geheimwaffe geträumt, einer kleinen Pipette, mit der er Pfeile abschießen konnte. Pffft! Ein Pfeil sitzt in der Arschbacke des Flegels. Noch einer: Pffft!

Damals hatte er zum ersten Mal bewusst das Wort Ausländer gehört und sogleich den abwertenden, verletzenden Unterton darin erspürt. Auch später gelang es ihm nie, sich daran wirklich zu gewöhnen. In letzter Zeit, besonders seitdem das mit Stephanie angefangen hatte, stellte er sich jedoch immer öfter vor, dass das Ausländersein etwas sein oder werden könnte, das gerade Anlass gibt zu guten Gesprächen und Begegnungen mit offenen, interessanten Leuten.

Für Wahib war diese ganze Sache natürlich noch viel schlimmer, denn der fiel überall sofort auf. Für die meisten Weißen ist ein Schwarzer, abgesehen von Farbnuancen, ein Schwarzer. Punkt. Das trifft genauso wenig zu wie ein Weißer ein Weißer ist und nichts anderes. Schwarzsein verbindet keineswegs. Wahib ging auf Distanz zu anderen Schwarzen. Wenn zwei sich auf der Straße träfen, hatte Hakan geglaubt, würden sie sich vor lauter Begeisterung nicht mehr einkriegen und einander in die Arme fallen. Keine Spur! Sie begrüßten sich nicht mal. Niemals setzte ein Schwarzer sich im Bus neben einen anderen. Sie ignorierten einander, taten, als hätten sie den anderen nicht gesehen oder als wären sie selbst nicht schwarz. Hakan versuchte sich vorzustellen, er lebe in China oder Afrika, und sobald er den Fuß auf die Straße setzte, gafften alle ihn an.

Ungeniert drehten sich die Leute zu Wahib um und musterten ihn von oben bis unten, als sei das ihr gutes Recht und Wahib müsse es sich gefallen lassen. Einmal hatte sich sogar im Bus eine ältere Frau zu ihm hinübergebeugt, seinen Arm berührt und dann ihre Fingerspitze besehen, als wolle sie feststellen, ob da was abgefärbt habe.

Was für ein Unsinn zu behaupten: Die Ausländer sind so, die Deutschen sind so. Jeder ist anders, der einzelne Mensch zählt. Unter den Deutschen gibt es viele wie Daffyd, Sibylle, Moni und Stephanie. Wie absurd, wenn man sie mit Luigis Peinigern in einen Topf werfen würde.

Für Hakan waren Daffyd und Sibylle damals die Rettung gewesen. Wer weiß, wo er ohne sie gelandet wäre! Dass er die beiden gleich an seinem zweiten Tag in Berlin kennen gelernt hatte, war ein Joker fürs ganze Leben.

So enttäuschend Hakans erster Eindruck von ihrer damaligen Wohnung auf den ersten Blick auch gewesen war, hatte sie doch den Vorteil mit sich gebracht, genau über Daffyds Wohnung zu liegen. Die beiden verbrachten lange Tage miteinander, wurden unzertrennlich. Dass Hakan kein Deutsch und Daffyd kein Türkisch sprach, war nie ein Hindernis gewesen. Wollte Daffyd Hakan mitteilen, dass Pferde seine Lieblingstiere sind, galoppierte er auf allen vieren, trat mit den Beinen in die Luft und wieherte laut, bis Hakan rief: *At!*

Doch bestand auch für den kleinen Hakan das Leben nicht nur aus Spielen. Es war alles andere als leicht gewesen, mitten im Schuljahr, kurz vor den Weihnachtsferien, eine Schule zu finden, die bereit war, ihn aufzunehmen. Sibylle hatte sich mit all ihrer Kraft dafür eingesetzt, dass er in die gleiche Klasse kam wie Daffyd, und die Klassenlehrerin Moni sorgte dafür, dass er dort blieb. Sie hatte viel Geduld, übte in den Pausen mit ihm, manchmal sogar nach der Schule.

Im Jahr darauf zogen Hakans Eltern in eine größere Wohnung mit Zentralheizung und Bad in einem sanierten Haus in der Buttmannstraße, wenig später folgte, glücklich von ihrem Mann getrennt, Sibylle nach. Zwar wohnten nun Hakan und Daffyd nicht mehr im selben Haus, aber in derselben Straße und gingen weiter in dieselbe Schule.

Über den Vinetaplatz erreichten die drei die Bernauer. Rechts, jenseits der Brunnenstraße, lag die Versöhnungskirche auf dem ehemaligen Grenzstreifen, ein mit Holzstäben verkleideter ovaler Bau. Dahinter gab es einen Mauerrest, gegenüber das Mauer-Dokumentationszentrum. Hakan war einmal mit der Schule dort gewesen.

‚Wie vergesslich wir doch sind!', dachte Hakan. Was gestern noch zum Alltag gehörte, wird heute zu Geschichte erklärt, die es zu dokumentieren gilt, damit sie nicht spurlos verschwindet.

Vor gar nicht langer Zeit noch hatte die Mauer als unumstößlich gegolten. Hakan hatte sie nicht erlebt, aber sein Vater. Ihm musste sie als eine Art Folklore etwas bedeutet haben, denn er sprach davon, als bedauere er, dass die Familie zu spät kam, um *seine* Mauer noch mit eigenen Augen zu sehen. Gerne erzählte er, wie er ahnungslos die Bernauer hinuntergefahren war und plötzlich scharf bremsen musste, um nicht gegen diese Mauer zu prallen. Hier, genau an der Stelle musste das Podest gestanden haben, auf dem Touristen den Todesstreifen und die grauen Häuser dahinter anstarrten. Einmal kostenlos gruseln – wem gefällt das nicht?

„Wartet!", rief Wahib und verschwand hinter einem Bauwagen. Unter dem platten Hinterreifen sickerte ein in der Kälte dampfendes Rinnsal hervor. Seinen Reißverschluss hochziehend kam Wahib wieder zum Vorschein.

„Veni, vidi, pipi." Stolz grinste er, als hätte er Großes vollbracht.

In vielen Städten gibt es Parkmauern. Berlin ist die einzige

Stadt mit einem Mauerpark, dem ehemaligen Todesstreifen, über den das Gras nicht recht wachsen will und wo die Bäume sich erst recht schwer tun.
Gehen, laufen, schauen, suchen. Wahrscheinlich ist Papa gestern Abend genau diese Strecke nach Prenzlauer Berg gegangen, dachte Hakan, vor etwa 16 Stunden. Das Gehen hat was. Man kann dabei gut über Dinge nachdenken. Träumen. Sich sortieren. Oder sich im Anblick der wechselnden Umgebung verlieren.
In der Oderberger wechselte die Szene. Frisch renovierte Häuser in Weiß, dezentem Helltabak, cremefarben, gelb, türkis. Kleine Lädchen, Restaurants, coole Kneipen, winzige Cafés, die aussahen, als säße man in jemandes Wohnzimmer. Alles mit Pfiff, mit originellen Namen. Im Prenzlauer Berg hießen sie nicht *Jonnies Futterkrippe, Zum Narkosestübchen* oder *Adlerhorst* wie im Wedding, sondern *entwederoder, jelängerjelieber, sowohlalsauch, Bla Bla,* oder treffsicher *Schall und Rauch*. Manche Namen waren halbe Sätze: *An einem Sonntag im August …* Die Leute darin sahen aus, als hätten sie alle Zeit der Welt und keine Sorgen. Keiner von ihnen schien Eltern zu haben, die ihren Sprösslingen davonliefen oder ihre minderjährigen Kinder auf Nimmerwiedersehen in ein Flugzeug setzten.
Doch steckte die Leichtigkeit an. Was für ein Glück, dass Hakans Eltern in Berlin gelandet waren und nicht etwa in Untertürkheim! Berlin ist zwar ein menschenfressender Moloch, hat aber genug Oasen für Pistenrenner, in denen man untergehen kann, ohne einzugehen.
Ein noch junger Mann, ein Wrack, das seine Einzelteile nur mit Mühe zusammenhielt, wankte auf sie zu. „Tschuldigung. Habt ihr vielleicht bisschen Kleingeld übrig?“
Hakans Eltern gaben Bettlern immer Geld, seine Mutter aus Kalkül, weil sie glaubte, zwei unsichtbare Engelchen säßen

ihr auf den Schultern, eines schriebe die guten, das andere die schlechten Taten auf, um sie am Ende des Tages gegeneinander aufzurechnen, und sein Vater, weil er nicht Nein sagen konnte. Hakan war wie er. Seine Hand glitt in die Tasche: Er hatte nur große Münzen. Er drückte dem Mann eine davon in die Hand.

„Danke! Vielen Dank!“ Mit beiden Händen ergriff er Hakans Rechte und drückte sie. Dann drehte er sich um und eilte in kleinen Schritten davon. Aus gebührendem Abstand unterzog er die unverhofft großzügige Gabe einer gründlichen Untersuchung.

„Du hast wohl die Spendierhose an“, sagte Wahib.

Daffyd hielt die Hand hin. „Hätte der gnädige Herr vielleicht ’n paar Stecken für mich?“

„Heute ist Bayram“, sagte Hakan. „Wer weiß, wozu das vielleicht noch gut ist.“

Sie überquerten die Schönhauser Allee. An der Ecke die Kulturbrauerei, freundlich, einladend frisch. An den Cinemas in der Sredzkistraße vorbei, rechts in die Knaack, dann zum Kollwitzplatz.

„He, Hakan! Vielleicht hockt dein Alter in einem dieser feinen Schuppen.“

„Wer? Mein Vater? Niemals!“

„Woher willst du das wissen?“

„Ausgeschlossen.“

Daffyd ließ nicht locker. „Er könnte ja mal eine Ausnahme machen. Vielleicht hat er sich zu einer schönen Braut gesetzt.“

„Mein Alter setzt sich höchstens in eines dieser lausigen Männercafés und bestellt sich einen Tee, das Glas für fünfzig Cent.“

Daffyd und Wahib blieben vor einem Café stehen. Mit unverhohlenem Interesse starrten sie Löcher in die Fensterscheibe. Gemütlich sah es drinnen aus. An schicken Bistrotischen unterhielten sich Paare bei halb leeren Rotweingläsern, rauchten, berührten einander unter dem Tisch. Am Tresen saßen drei bildschöne junge Frauen und nippten aus unglaublich hohen Gläsern mit Strohhalmen an bonbonfarbenen Flüssigkeiten.

„Ich glaube, ich muss mal", sagte Daffyd.

„Ich auch", sekundierte Wahib, obwohl er gerade erst gepinkelt hatte.

„Na, gut!" Hakan schloss sich widerwillig an.

Drinnen empfing sie dezente Musik: *Papa's got a brand new bag*. Soul. Der Barkeeper grüßte sie mit kurzem Kopfnicken und zapfte weiter. Sie hielten Kurs auf die Toiletten.

Dort wechselte die Berieselung. Anfangsakkorde eines eingängigen Liedes. Ein Gitarrenriff, sanft, mühelos fließend, schwebte in der vom klebrigen Geruch eines Duftspenders durchdrungenen Luft.

Woher kannte Hakan dieses Lied? Er stieß die Tür auf. Eine winselnde Stimme setzte ein: *Old man, look at my life* ... Der Rock-Opa Neil Young ... *I'm a lot like you were* ... Aus Sibylles Fundus.

Alle haben es heutzutage mit ihren Alten verdorben. Alle suchen nach dem, was ihnen fehlt, und Väter zeichnen sich in erster Linie durch ihr Fehlen aus. Nie sind sie da, wenn man sie braucht. Nie findet man sie, wenn man sie sucht. Vielleicht, dachte Hakan, juckt einen das mit vierzig noch mehr als mit vierzehn.

Doch, dieser Neil Young verstand sein Handwerk. Ein paar einfache Akkorde, ein paar Zeilen, fertig! *Old man, look at my life* ... Was für ein jämmerlicher Satz, kitschig – und doch traf er einen in den hohlen Bauch.

Die Kneipentür fiel hinter ihnen zu.

9

Über die Prenzlauer Allee, die Marienburger hinunter und links in die Winsstraße. Unter den Häusern fiel eines sofort auf: eine Baustelle mit Gerüst, vollständig von Plastikplanen verhüllt. In der Ladenwohnung strichen zwei junge Leute, auf Leitern stehend, die Decke. Ein neues Café im Entstehen.

Das Eingangstor stand offen. Kein Klingeltableau, kein Stiller Portier.

Eine Treppe, zwei Treppen, drei Treppen hoch. Erst im vierten Stock hatten sie Glück: Auf einem der drei Klingelschilder stand *Kurt*. Hakan klingelte.

Ein pummeliges Mädchen, drei, höchstens vier Jahre alt, öffnete. Die dichten schwarzen Haare fielen ihr offen über die Schultern. Eine kleine Schönheit in Donald-Duck-Schlappen.

„Meine Mutter hat mir ein neues Kleid gekauft", sagte sie zur Begrüßung. Offenbar gehörte sie zu der Sorte, die keine Zeit verschwendet.

„Todschick! Ist dein Vater da?", fragte Daffyd.

Das Mädchen rief in die Wohnung hinein. „Papa!"

„Wer ist da?", ertönte eine sonore Stimme.

sonor
klangvoll

„Irgendwelche Männer."

Flüchtig erschien ein Frauengesicht im Flur. Ihm folgte der alarmierte Ehemann mit einer Serviette in der Hand. „Wen sucht ihr?", fragte er kauend.

„Meinen Vater", sagte Hakan. „Ich bin Rahmi Beys Sohn."

„Wessen Sohn?"

„Rahmi Aslans."

„Rahmi Aslan – Rahmi Aslan ..." Auch der Klang des Namens half seinem Gedächtnis nicht auf die Sprünge. „Kenne ich nicht."

„Sie haben gestern mit ihm gesprochen. In der Moschee."

„Gestern? In der Moschee? Wovon redet ihr? Ich war weder gestern noch sonst wann in irgendeiner Moschee."

Ratlos schauten die drei einander an. Was nun?

Hakan fing sich wieder. „Es tut mir leid, dass wir Sie beim Essen gestört haben."

Die Holztreppe hallte dumpf. Unten setzte sich Hakan auf eine Stufe. Daffyd und Wahib blieben stehen.

„Glaubst du, dass er die Wahrheit sagt?", fragte Wahib.

„Warum sollte er lügen? Er kennt meinen Vater nicht. Das ist klar wie Kloßbrühe."

„Dann hat uns also dieser Brillenheini absichtlich in die Pampa geschickt", schlussfolgerte Daffyd. „Was geht hier vor?"

„Ich weiß!", rief Wahib. „Er hat deinen Alten entführt und will Lösegeld haben."

„Von mir kriegt er nichts", sagte Hakan. „Er kann Papa gern behalten."

Daffyd spann den Faden weiter. „Wisst ihr was? Dieser Typ da oben, der so ahnungslos tut, der steckt voll drin. Er ist der Boss, der Brillenheini arbeitet ihm zu. Dein Alter liegt geknebelt in einem dunklen Verlies. Hier in diesem Haus."

Hakan spielte mit. „Er hört uns sogar sprechen, kann aber nicht nach Hilfe rufen, weil ihm der Mund mit einem Rotztuch zugebunden ist."

Wahib schloss die Augen. „Gerade versucht er, mit gefesselten Beinen einen schweren Gegenstand vom Regal zu stoßen, damit wir auf ihn aufmerksam werden. Ich sehe ihn vor mir."

Just in diesem Augenblick hörte man etwas Schweres zu Boden plumpsen. Die drei wechselten verdutzte Blicke.

„Mist!", rief jemand nebenan.

Daffyd betastete die Flurwand, klopfte mit ernster Miene daran. „Hohl! Dahinter ist das Verlies.“

„Ich hole einen Presslufthammer.“ Hakan sprang auf. Er verschwand im Hausflur, um sogleich zurückzukehren, in der Hand einen Fantasie-Presslufthammer, mit dem er nun die Wand bearbeitete. „Ra-ta-ta-ta! Ra-ta-ta-ta-ta!“

„Der Anführer der Bande versucht, mit einem Hubschrauber vom Dach zu fliehen“, rief Wahib in heller Aufregung. „Wie heißt er noch mal?“

„Niyazi“, antwortete Hakan. „Niyazi Kurt!“

Natürlich hatte keiner Lust, die Treppen hinaufzurennen. Lachend ließen sie sich auf die Stufen fallen. Das hatte Spaß gemacht.

Alles andere als ein Spaß war jedoch, dass sich die Spur hier tatsächlich verlor. Nach ein paar Schweigeminuten fragte Wahib: „Sag mal, Hakan, dieser Mann ist doch Türke, oder? Du hast doch Türkisch mit ihm gesprochen.“

„Ja.“

„Warum hat er dann so einen urdeutschen Namen, *Kurt*? Seine Frau ist auch keine Deutsche.“

„Kurt ist ur-*türkisch*, Mann!“

„Es bedeutet Wolf, oder?“ Daffyd hatte die paar türkischen Wörter, die er vor Jahren von Hakan gelernt hatte, nicht vergessen. „Und *Aslan* Löwe.“

„Klar!“, erwiderte Hakan. „Unter Türken gibt es Kurts wie Sand am Meer. Aber als Nachnamen. Du brauchst nur das Telefonbuch aufzuschlagen.“

Plötzlich schauten sie sich ahnungsvoll an. Offenbar dachten alle drei das Gleiche.

Also rein in den Seitenflügel, alle vier Treppen hoch und wieder hinunter. Nichts. Ins Hinterhaus. Im zweiten Stock wurden sie fündig. Und das in Prenzlauer Berg, wo Türken Mangelware sind, noch dazu im gleichen Haus! Hakan klingelte.

Ein Mann im Bademantel öffnete die Tür, schlug sie jedoch beim Anblick der drei langen Lulatsche sofort wieder zu. Eine Kette rasselte.

„Kusura bakmayın, rahatsız ediyoruz“, entschuldigte sich Hakan für die Störung. *„Niyazi Kurt burada mı oturuyor?“* Wohnt Niyazi Kurt hier?

„Was wollt ihr?“, kam nach einer Weile die Antwort.

„Wir suchen Rahmi Aslan.“

„Wieso? Wer seid ihr?“

„Ich bin sein Sohn.“

Hinter der Tür wurde es still. Doch bald hörte man erneut das Rasseln der Kette, die Tür öffnete sich einen Spalt. Der Mann musterte Hakan von oben bis unten. „Tatsächlich! Die gleichen Augenbrauen, das gleiche Kinn.“

Hakan fühlte sich nicht geschmeichelt. Die buschigen, in der Mitte zusammengewachsenen Augenbrauen des Vaters und das vorstehende Kinn entsprachen nicht gerade seinem Schönheitsideal.

„Warum hast du das nicht gleich gesagt? Kommt rein.“

Die Tür wurde weit geöffnet, der Mann führte sie in die Küche.

„Setzt euch. Ein Tee?“

„Nein“, sagte Hakan, „wir wollen gleich weiter. Wir wollten nur ...“

Der Mann hörte nicht zu. Aus einem Berg schmutzigen Geschirrs fischte er drei Teegläser und hielt sie kurz unter kaltes Wasser. Dann goss er ihnen aus einem vor sich hin köchelnden Samowar Teesud und heißes Wasser ein.

Samowar *russische Teemaschine*

„Tee muss sein“, sagte er, während er den Jungs die Gläser vorsetzte.

Der Tee war ausgezeichnet. Seine nächste Unternehmung hingegen blieb erfolglos. Er kramte in einer Keksschachtel, die sich als vollkommen leer erwies. Daraufhin warf er sie in den überfüllten Mülleimer in der Ecke. Die Schachtel fand keinen Platz mehr darin und fiel zu Boden.

„Tut mir leid. Ich habe nichts da. So ist das, wenn man allein lebt. Und keine Arbeit hat."

Gerade wollte Hakan nach seinem Vater fragen, als der Mann fortfuhr. ‚Ein Mädchen ist geboren', sagte Serap immer, wenn zwei gleichzeitig zu sprechen beginnen.

„Wie viele Öfen Brot isst ein Mensch, bis er groß ist?" Er schaute die Jungen einen nach dem anderen fragend an.

„Vielleicht – hundert?" Wahib wagte eine Hochrechnung, obwohl die Frage ganz klar rhetorisch gemeint war. „Pi mal Daumen."

An der Antwort war Niyazi Bey nicht interessiert. „Ich habe es ausgerechnet. Wenn ein Mensch jeden Tag, wie in der Türkei üblich, zwei Brote isst, macht das in zwanzig Jahren 14 400 Laibe. Nehmen wir mal an, in den Ofen einer Großfamilie auf dem Lande passen zwanzig. Das macht 720 Öfen."

Der hatte es mit den Öfen. Ein arbeitsloser Ofensetzer wahrscheinlich, tippte Hakan, oder ein Bäcker.

„Hinzu kommen all das Gemüse, Obst, Käse, Milch und Fleisch. Bis zum arbeitsfähigen Alter vertilgt ein Mensch so einiges. Unsere Regierung hätte uns verkaufen sollen. Niyazi hat bis heute so und so viel gegessen, so viele Schuhe und Hosen abgetragen, so viel hat sein Schulbesuch gekostet. Bitte schön, hier ist die Rechnung. Dann hätte man gewusst, was wir wert sind. Aber sie haben uns umsonst gekriegt. Deshalb behandeln sie uns wie wertlose Gegenstände."

„Stimmt!", sagte Daffyd. „Das sehe ich auch so."

Weit hatte Niyazi Bey ausgeholt, um den Nagel einmal kurz, aber genau auf den Kopf zu treffen. Auch Sibylle sagte immer, die Zuwanderung sei ein Plusgeschäft für die Deutschen. Heute noch, selbst wenn man die Nachzügler mitrechnet, bliebe unterm Strich ein sattes Plus. Plus für den einen, Minus für den anderen. Über Nacht waren aus erwachsenen Männern unmündige Kinder geworden, die sich nur mit Zeichensprache verständigen konnten. Das schluckt man nicht so einfach, erklärte Niyazi Bey wortreich. Das macht Stress. Das macht alt und grau.

Und depressiv, ergänzte Hakan in Gedanken.

„Man beklagt sich, dass wir uns nicht integrieren lassen. Die jüngeren Generationen kapseln sich stärker ab als die älteren. Das muss doch einen Grund haben."

Sich integrieren lassen, was für ein verkorkster Ausdruck! Wie *sich impfen lassen*. Ich gehe mal eben mich integrieren lassen. Komme gleich wieder. Irgendwo in Wolkenkuckucksheim saß der Große Integrator auf einem hohen Stuhl. Aber diese Türken mochten einfach nicht kommen und sich von ihm integrieren lassen.

„Oder *mehrere* Gründe", warf Hakan ein.

„Man sieht nur die", fuhr Niyazi Bey nach einer kurzen Sendepause fort, „die anders sind. Dann heißt es: Die lassen sich nicht integrieren. Die türkischen Unternehmer, die die Wirtschaft mit in Gang halten, sieht man nicht und auch nicht die Künstler, die eine neue Würze in das kulturelle Leben bringen. Eine Integration hat sehr wohl stattgefunden. Für die, die Augen dafür haben."

Als integriert gilt, wer sich an die hiesigen Verhältnisse angepasst hat. Aber an welche? Gibt es denn hier eine einheitliche Kultur? Hakan rapte gern und machte Breakdance. Ist das die deutsche Kultur, an die es sich anzupassen gilt? In aller Welt tun Jugendliche dasselbe. War Hakan nun integriert oder nicht?

„Was ist Integration?", fragte da auch Niyazi Bey. „Ich kenne einen Türken, der Zeuge Jehowas geworden ist. Er steht auf der Straße mit dem *Wachturm* in der Hand und versucht, seine Landsleute zu bekehren. Soll es das etwa sein?"

Geschickt legte Niyazi Bey Sendepausen ein, in denen seine Zuhörer sich offenbar über das Gewicht seiner Aussagen klar werden sollten. Nun stand er auf und füllte die Gläser von Neuem. „Wir Türken sind ein höfliches, konfliktscheues Volk. Danke, mir geht es gut, heißt es. Wenn man aber richtig mit den Leuten redet, klagen sie alle. Es gibt auch wenig Grund zur Zufriedenheit. In manchen Ecken in Kreuzberg und im Wedding hat fast jeder Zweite keine Arbeit. Wer ist schuld daran? Mehr als zwei Millionen Türken leben in Deutschland. Wir schaffen es nicht mal zu einer bundesweiten Vertretung wie der Zentralrat der Juden. Dafür, dass wir höflich den Mund halten, wird man uns nicht den Bauch pinseln."

Nun mach mal halblang, dachte Hakan. Er wollte das Gespräch auf den Vater lenken. Niyazi Bey aber war entschlossen, die Gelegenheit zu nutzen, um den scharfen Analytiker herauszustreichen. Türken waren schon immer gut im Meckern, dachte Hakan. Etwas tun hingegen wollen sie nicht. In Cafés Zeit totschlagen, über andere lästern und ihnen die Schuld am eigenen Unglück geben – orientalische Leidkultur. Wenn man zu einer Demo aufriefe, käme keiner von ihnen. Sibylle und ihresgleichen, ein paar Desperados, deutsche ‚Gutmenschen', würden mit tropfenden Kerzen in der Hand auf dem leeren Platz bibbern, während die Türken in ihren Cafés sitzen und kluge Reden schwingen.

Wie dieser Niyazi, der unbeirrt fortfuhr: „Unsere Kinder wachsen mit dem Gefühl des Abgelehntwerdens auf und wenden sich ab. Das bringt weitere Ausgrenzung mit sich. So schaukeln die Dinge sich immer weiter hoch. Dabei ist die Rückkehr in die Türkei für euch noch weniger eine Alternative als für uns. Stimmt doch, oder?"

Wo er recht hat, hat er recht, dachte Hakan. Von wegen

zwischen zwei Stühlen sitzen und nicht wissen, wo man hingehört. Er konnte diesen Stuss nicht mehr hören.
Niyazi Bey sprach von Deutschen und Ausländern, als wären das zwei Gegenpole. Muss man die Leute immer nach ihrer nationalen Zugehörigkeit aufteilen? Warum genügt es nicht, einfach Mensch zu sein – Kanake, wie es auf Hawaiisch heißt? So gesehen sind auch die Deutschen Kanaken. Oder nicht?
Hakan riss sich aus seinen Gedanken. Endlich nutzte er eine Pause, um das Gespräch auf seinen Vater zu bringen. Inzwischen hatte Niyazi Bey offenbar gesagt, was er sagen wollte, und schien endlich reif für einen Programmwechsel.
„Ich weiß nicht, was mit deinem Vater los ist, Junge", meinte er nachdenklich. „Er machte keinen guten Eindruck auf mich. Ich fragte ihn, wo der Schuh drücke, aber er konnte mir keine Antwort geben."
Er nahm einen Schluck aus dem Teeglas, zog tief an seiner Zigarette und blies Ringe in die Luft. „Wer hat schon das richtige Paar Schuhe?", sagte er mit einem Anflug von Melancholie. „Rahmi und ich tranken einige Gläser Tee. Dann begleitete ich ihn bis zur Danziger Straße. Da kam die Straßenbahn und er stieg ein. Weg war er!"
„Wohin?", fragte Daffyd. „Hat er gesagt, wo er hin wollte?"
„Nein."
Hakan bohrte: „Irgendwelche Bekannte, die er besuchen wollte? Sind Namen gefallen?"
Niyazi Bey schüttelte den Kopf.
„Mit welcher Linie fuhr er?", fragte Wahib.
„Keine Ahnung. Mit so einer gelben Straßenbahn halt."
„In welche Richtung?"
Niyazi Bey machte eine Bewegung mit der Hand. „Da lang."

Das sagte herzlich wenig.
„Stadteinwärts oder stadtauswärts?“, fragte Daffyd. Damit nun konnte Niyazi Bey nichts anfangen. „Von *dieser* Seite der Danziger“, antwortete er.
Hakan trank sein Glas aus. Trink aus, iss auf – das hatten die Eltern ihm über die Jahre so eingeschärft, dass es ihm in Fleisch und Blut übergegangen war. Verschwendung galt als Undankbarkeit dem Schöpfer gegenüber, der uns all das geschenkt hat. Kalten Tee!
„Gehen wir! Niyazi Amca, wenn Sie meinen Vater sehen, sagen Sie ihm bitte, er soll sofort zu Hause anrufen.“
„Mach ich!“
Schon waren sie im Treppenhaus, als Niyazi Bey ihnen nachrief: *„Bayramınız kutlu olsun!“*
„Bayramınız kutlu olsun!“, rief Hakan zurück.
Eine Etage tiefer fragte Wahib Hakan: „Sollen wir den auch einladen?“
„Wohin?“
„Na, wohin wohl?“
„Ach, zur Eröffnung, meinst du. Na klar! Er hat uns geholfen. Wir bitten ihn, seinen Samowar mitzubringen.“
Er ging zurück, klingelte. Man hörte Niyazi Beys erfreute Stimme.
„Er kommt“, sagte Hakan, als er die anderen eingeholt hatte, „falls er dann noch im Lande ist.“
Beim Verlassen des Hauses sahen sie auf dem Boden der Ladenwohnung einen riesigen, mit Zeitungspapier zugedeckten Farbklecks. Neben der Tür stand ein leerer Farbeimer. Das war es also, was vorhin, als sie Gangsterjagd gespielt hatten, zu Boden geplumpst war.
Durch die Danziger fuhr nur die Linie 20. Wahib studierte den Fahrplan.
„Fährt wahrscheinlich bis nach Köpenick“, sagte Daffyd.

„Nö!“, erwiderte Wahib. „Hier steht: S und U Warschauer Straße.“

10

Geräuschlos glitt die Straßenbahn über die Gleise.

„Setz dich mal hin“, sagte Wahib zu Hakan. „Stell dir vor, du bist dein Alter. Wo würdest du aussteigen?

„Was für ein Quatsch!“

Doch die Idee war gar nicht so dumm. Schließlich fand Hakan es erstaunlich leicht, dieses Spielchen mitzuspielen. Bis zur Warschauer hielt die Tram an einem Dutzend Haltestellen. Genau genommen hätte Papa an jeder beliebigen ausgestiegen sein können. Es reichte, dass ihm etwas auffiel, ein Werbeplakat, ein Straßenmusikant, irgendwas. Ein Ziel hatte er ja nicht.

Greifswalder Ecke Danziger. Forum Hotel. Casino Berlin. Ein Pfeil im Neongrün.

„Hier vielleicht?“, fragte Daffyd in Hakans Ohr. Er und Wahib saßen hinter ihm.

„Ach!“ Hakan winkte ab. „Er lässt sich nicht mit einarmigen Banditen ein.“

Sein Vater hasste Glücksspiele, nicht mal Karten spielte er. Lotto hielt er für einen staatlich organisierten Massenbetrug.

„Die Spielbank ist am Alex“, sagte Wahib. „Das war nur ein Hinweisschild.“

„Steigt er halt um. Wäre denkbar.“

Daffyds Gründlichkeit nervte. Mit Umsteigekombinationen stieg die Zahl der Möglichkeiten ins Unermessliche.

„Weiter!“, sagte Hakan.

Ein enttäuschter Mann, dieser Niyazi. Wie sein Vater. Aber anstatt wie der die Segel zu streichen, hielt Niyazi sich kraft seines Mundwerks knapp über Wasser. Wie lange noch? Die Stimmung unter den Türken hatte er mehr oder weniger treffend wiedergegeben. Sogar in der Schule machte sich diese Unzufriedenheit bemerkbar. Wenn die Lehrer sie etwas fragten, antworteten die türkischen Kids manchmal absichtlich in gebrochenem Deutsch. Mit geprobtem Akzent. Das gepflegte Kanakendeutsch sollte verdeutlichen, dass sie keine Deutschen waren und auch keine werden wollten. Und dass sie ihre sprachlichen Eigenheiten nicht als Mangel, sondern als Stärke ansahen. Süha saß in der Regel mit dem Rücken zur Tafel, um sein übergroßes Ich und dessen Unbestechlichkeit zu demonstrieren.

Apartheid *Rassentrennung*

Auch auf dem Schulhof ging es zu, als hätte man die Apartheid zur ersten Bürgerpflicht erklärt. Wenn ihr uns nicht wollt, dann wollen wir euch auch nicht, sagten die Blicke der ausländischen Jugendlichen. Hakan wusste, dass sie liebend gern mehr mit deutschen Kids zu tun hätten und ihn um Daffyd beneideten. Aber sie waren zu supercool, um einen ersten Schritt zu tun. Auch die deutschen Jugendlichen beneideten Daffyd heimlich um seine Freundschaft mit Hakan. Gern hätten sie mehr darüber gewusst, was und wie es bei den Türken abgeht. Auch sie waren zu ultracool, um ihr Interesse durchscheinen zu lassen. Keiner ging auf den anderen zu.

Das Alter der Neugierde war vorbei. Die neuen Werte hießen: Gleichgültigkeit und Desinteresse. Bloß keine Blöße!

„Die kapseln sich ab und sprechen Türkisch. Wir verstehen kein Wort“, sagten die einen.

„Die haben Vorurteile. Die grenzen uns aus“, sagten die anderen.

Beide, fand Hakan, haben sie recht und wiederum nicht. Auf jeden Fall ist es unheimlich schwer, diese Mauer zu durchbrechen. Jede Gruppe hat eine eigene Sprache, eigene Codes, Marken und Symbole. Die Ränder sind undurchlässig. Aber weder Ausländer noch Deutsche bilden ja in sich geschlossene Gruppen. Nicht mal die Kids aus der Türkei sind eine Einheit. Einige tragen über ihren Pullis goldene Halsketten mit einem heulenden Wolf als Anhänger. Zum Gruß spreizen sie den kleinen und den Zeigefinger ab. Das sind die nationalistischen Grauen Wölfe. Andere, die alewitischen Jugendlichen, tragen Zülfikar, das gegabelte Schwert Alis, des Schwiegersohn Mohammeds, um den Hals. Und die mit den drei Mondsicheln sind die Islamisten. „Es gibt nur einen Gott" – sie strecken den Zeigefinger nach oben, als bestreite man das. Ein paar Hardliner-Kurden flechten sich rotgelbgrüne Bänder ins Haar und geben sich als Sympathisanten des in der Türkei inhaftierten PKK-Führers Öcalan zu erkennen. Die Mädchen teilen sich in zwei Gruppen auf: die mit und die ohne Kopftuch.

Alewiten *in Anatolien entstandene Religionsgemeinschaft (siehe S. 164)*

Arnswalder Platz. Warum hätte der Vater hier aussteigen sollen?

Aber auch die deutschen Kids teilen sich, je nachdem, wie sie sich kleiden, wie sie ihre Haare tragen und welche Bands sie hören, in unterschiedliche Gruppen. Kontakte zu anderen, über das im Schulalltag erforderliche Minimum hinaus, gelten als Verrat.

Kaum zu glauben, dachte Hakan, dass wir alle in der gleichen Stadt leben, im gleichen Bezirk wohnen, in die gleiche Schule gehen und im gleichen Klassenzimmer sitzen. Oft sind wir einander so fremd, als kämen die einen vom Mond und die anderen vom Mars. Alle suchen wir, nach einem Halt, nach etwas, das uns, wie wir glauben, durch die Einwanderung unserer Eltern abhanden gekommen ist. Wir fühlen uns um etwas betrogen, ohne genau zu wissen, um was.

Alle sind wir mächtig stolz auf das, wofür wir uns halten. Wie aber kann man stolz sein auf etwas, für das man nichts zu leisten braucht?

Man wird als Deutscher, als Türke, als Afrikaner geboren,

als Kind christlicher, muslimischer, jüdischer Eltern. Dafür kann man nichts und dagegen ebenso wenig, man braucht keinen Ochsen dreimal hochzuheben, braucht nicht fünfmal um den Sportplatz zu laufen, zehn schwierige Mathe-Aufgaben zu lösen oder einen klugen Aufsatz zu schreiben: Hurra, endlich geschafft! Unter all den Bewerbern!
Es hätte Hakan leicht passieren können, dass der Storch – ha ha! – sich im Schornstein vertat und ihn bei den kurdischen Nachbarn ablieferte.
Was dann? Dann würde er sich darauf was einbilden.
Hakan fand auf beiden Seiten Dinge, worauf er nicht verzichten wollte, und anderes, worauf er allergisch reagierte. Zum Beispiel, wenn ein Schulkamerad, den er um seinen Radiergummi bat, antwortete: ‚Nöö, koof dir doch einen!' Oder wenn der Rektor ihn mit den Worten lobte: ‚Hakan ist zwar Türke, aber alle Achtung!' Oder wenn manche türkischen Kids ihn zu „wischiwaschi", zu „rückgratlos" und „deutscher als die Deutschen" fanden.
Kniprode Ecke Danziger. Wahib und Daffyd schauten Hakan fragend an. Er schüttelte den Kopf.
Nicht viel anders als dieser Niyazi hatte sich auch Hakans Vater früher, als er noch nicht in seinem Nirwana angelangt war, oft über diese Dinge aufgeregt. „Was haben sie nur gegen die Türken und die Türkei? Man könnte meinen, wir seien von allen die Schlimmsten."

Nirwana *Zustand völliger Ruhe (Endziel des Lebens im Buddhismus)*

Gelegentlich, wenn auch immer seltener, raffte der Vater sich noch zu einer Diskussion mit Sibylle auf. Er beklagte sich, dass die Feinde der Türkei, etwa die Mitglieder gewaltbereiter Splitterorganisationen und PKK-Terroristen, die man in der Türkei wegen Bombenattentaten und Fememorden steckbrieflich suchte, in europäischen Ländern mit offenen Armen empfangen wurden.
Sibylle hielt dagegen: „Wegen der Menschenrechte. Bei uns

erhalten sie Asyl. Das ist ein Grundrecht, das nicht angetastet werden darf. Ihr müsst die Todesstrafe abschaffen.“ Spätestens an diesem Punkt klappte dem Vater das Visier zu. Hakan konnte es einrasten hören. Er murmelte etwas in sich hinein, bevor er in sein Niemandsland verschwand. Vildan Hanım hielt sich da heraus, „um Sibel nicht vor den Kopf zu stoßen.“ Sibel war schließlich ihre „einzige Tür zu der Welt draußen.“ Wenn sie mal selbst Brot backte „wie im Dorf“, wurde Hakan mit einem in Tücher gewickelten, noch warmen, wunderbar duftenden Laib hinübergeschickt. Mäuse fängt man mit Speck, Hakans Mutter wusste das. Sibylle war eine gute Maus.

Für die Aslans war Sibylle Gold wert. Zwar stöhnte sie, wenn Vildan Hanım mit Anträgen und Formularen ankam, die am selben Tag noch ausgefüllt und abgegeben werden mussten, oder wenn Rahmi Bey bei jeder Begegnung reflexartig die rechte Hand in die linke Innentasche seines Jacketts steckte, um ein behördliches Schreiben oder eine Mahnung hervorzuholen. Es gab viel zu richten bei den Aslans, immer wieder musste man zu irgendwelchen Behörden. Ohne Sibylle lief nichts. Sibel – Hakans Mutter durfte, ja sollte sie auf ihren ausdrücklichen Wunsch hin („Finde ich schöner“) *Sibel* nennen – tat es doch gern! Helfen, gebraucht zu werden, das lag ihr, fast schien es, als verlangte sie danach. Aber manchmal grauste selbst ihr vor Rahmi Beys nur zu vertrautem Griff in die Jackentasche.

Sibylle war stets, um mit ihren Worten zu sprechen, „auf der Seite der Schwachen: der Opfer des Monetarismus und der Globalisierung, der Tiere und der Bäume.“ Jahrelang Vegetarierin („aus Protest gegen Massentierhaltung und Tiertransporte“) und zuletzt konsequente Veganerin („ich will den armen Kälbern ihre Muttermilch nicht wegnehmen“), wählte sie die Grünen („aus Mangel an Alternativen“), hielt alle Deutschen für „banausig“. Sie sprach von ihren Landsleuten, als wären sie die Anderen, mied im Griechenland-Urlaub deutsche Touristen („unmöglich – Sandalen mit Socken!“), verurteilte die verheerenden Folgen des Tourismus („Wassermangel, Preiserhöhungen, Kulturkolonialismus“).

Politisch war sie voll Verständnis für Muslime, „die Verdammten, die Kolonialisierten dieser Erde“. Aber könnten sie nicht, bitte schön, ihre Frauen ein bisschen weniger unterdrücken? Und könnten sie nicht das Schächten der Tiere sein lassen? Das Schlachten ohne vorherige Betäubung, wie Muslime und Juden es tun, damit das Fleisch *koscher*, also rein und unbedenklich, wird, fand Sibylle grausam. Bei Konflikten zwischen Mensch und Tier war sie immer auf Seiten der Tiere. Es fehlte nicht viel und sie hätte den Enten für den Winter Wollsocken gestrickt.

Ebenso vorbehaltlos setzte sich Sibylle für Bäume ein. Sollte ein hohler alter Baum gefällt werden, damit er nicht auf Autos stürzte, war sie sofort zur Stelle. Stundenlang diskutierte sie mit dem ratlosen Fälltrupp. Sollten sie doch statt des Baums die Autos zersägen, die machten mehr Dreck. Hatte die Säge gleichwohl den Baum niedergestreckt, schnupperte sie andächtig am Stumpf und entschuldigte sich wie der Indianerhäuptling Sealth bei ihrem „Baumbruder“ für ihre Mitschuld als Mensch.

Sibylle stand für alles, was vor zwanzig Jahren als korrekt und *in* galt, heute aber auf Daffyd, Hakan und Wahib ziemlich angestaubt und lächerlich wirkte. Sie bot ihnen reichlich Stoff für Witze.

„Man kann sich seine Eltern nicht aussuchen“, stöhnte Daffyd oft. Wie wahr! Für die drei Jungs lebte Sibylle hinterm Mond, wenn auch in ganz anderer Art als Hakans Eltern.

Paul-Heyse-Straße.

„Wer zum Teufel ist Paul Heyse?“, fragte Daffyd.

„Das musst *du* wissen“, erwiderte Wahib. „Mein Großvater hieß anders.“

„Ist das nicht ein Schriftsteller, der den Nobelpreis bekommen hat?“, murmelte Hakan unter der Kapuze.

„Da spricht der Dichter.“ Daffyd klopfte ihm auf die Schulter.

„Komische Sache, die Straßennamen“, sagte Hakan. „Max-Urich, Alfred-Jung, Gottfried-von-Cramm. Kein Mensch weiß mehr, was das für Leute waren.“

„Warum gibt es keine Nâzım-Hikmet- oder Atatürk-Straße?“, fragte Daffyd. „Das fände ich cool.“

„Noch besser: Hakan-Aslan-Straße!“ Wahib lachte.

„Oder Wahib-el-Halali-Straße. Wie Musik im Ohr. Die Deutschen ahnen nicht, was für sprachliche Möglichkeiten da brachliegen“, meinte Daffyd.

Landsberger Allee Ecke Petersburger. Schweigend zogen sich die drei Freunde in ihre Stellungen zurück. Die Straßenbahn war nun in Friedrichshain angelangt. In Friedrichshain-Kreuzberg, wie es jetzt nach der Gebietsreform heißt, die aus dreiundzwanzig Bezirken zwölf gemacht hat. Seitdem gehört Wedding zu Mitte und Tiergarten.

„He, Daffy!“

Keine Antwort. Daffyd konnte es nicht leiden, wenn man ihn so rief. Auch mit seinem richtigen Namen war er nicht glücklich. Sibylle musste lange an „David“ herumgebastelt haben, bis daraus „Daffyd“ geworden war. Sie wollte unbedingt einen einmaligen Namen für ihren Sohn. Dabei wäre schon „David“ als ein hebräischer Name für manchen Provokation genug gewesen.

„Daffyd?“

„Ja!“ Er schob seine Mütze nach hinten.

„Stimmt es, was du gesagt hast?“

„Was habe ich gesagt?“

„Über Stephanie. Was sie von mir denkt.“

„Ach, das meinst du! Na klar, ich würde dich doch damit nicht veräppeln.“

„Was hat sie denn genau gesagt?“

„Dass sie manche türkischen Jungs komisch findet. Wie sie glotzen, immer zusammenglucken und so. Aber Hakan ist voll okay, hat sie gesagt. Mit dem kann man Pferde stehlen.“

Mit Stephanie Pferde stehlen! Das klang gut. Hakan versuchte sich das bildlich vorzustellen. Das hatte Stephanie auch ihm selber gesagt, aber er hörte es gern von den anderen. Er sprach überhaupt gern von ihr.

„Weiter nichts?“

Daffyd rieb ihm mit der Handfläche die Brust. „Geht gut runter, was?“

„Hab schon Schlimmeres über mich gehört.“

Da mischte sich Wahib ein. „Mir hat sie aber gesagt: Hakan ist die letzte Flasche. Lieber gehe ich in ein Kloster, als mich von ihm befummeln zu lassen.“

„Ha ha!“ Hakan verpasste ihm eine Kopfnuss.

„Nächster Halt: Straßmannstraße.“ Komisches Gefühl, wenn aus dem Lautsprecher eine sanfte Frauenstimme ertönt, während in der Fahrerkabine ein dickbauchiger Macker mit Bart sitzt.

Auf Hakans Bank hatte jemand die Zeitung von gestern liegen lassen. *Der Tagesspiegel* suchte bis Weihnachten täglich einen Engel. Sollte Hakan seinen Vater als geflohenen Engel melden? Auf der letzten Seite blickte ihm eine bildschöne Afrikanerin entgegen. *Eine offene Wunde*, las Hakan die Überschrift den anderen vor, *Kenias Regierung stellt die*

Genitalverstümmelung junger Mädchen unter Strafe – starker Widerstand der Traditionalisten.

„Ihhh! Genitalverstümmelung!“, rief Daffyd. „Das gibt es in islamischen Ländern.“

„Das hat mit Islam nichts zu tun“, sagte Wahib. „Im Koran findest du nichts davon.“

Angeekelt reichte Hakan die Zeitung nach hinten, lehnte sich zurück und zog die Kapuze über die Augen. Aber nicht lange.

„Hakan! Hakan!“, ertönte Wahibs Stimme.

„Was ist?“ Hakan setzte sich auf.

„Wach auf! Sitzt du auf deinen Ohren? Bersarinplatz!“

Daffyd und Wahib kämmten die Umgebung mit suchenden Blicken ab.

Hakan schaute aus dem Fenster. „Ach, was! Ich sage euch schon, wenn ich was rieche.“ Grunzend zog er von Neuem die Kapuze übers Gesicht.

Auf diesem jämmerlichen Planeten liegen Himmel und Hölle eng beieinander, so dicht, dass man oft den Übergang nicht merkt. Wäre man reich und wollte mit seiner Kleinen ein paar Tage in der Südsee verbringen, würde heutzutage ein kleiner Versprecher ausreichen, um statt auf der Vulkaninsel Bora Bora in der Hölle von Tora Bora zu landen. Etwas Ähnliches war in London einem Inder passiert. Der hatte einen Urlaub in der Türkei gebucht und fand sich zu seiner Überraschung im Zug nach Torquay, einer komischen Stadt in Südwestengland.

„Hier vielleicht?“, fragte Wahib.

Am Frankfurter Tor war es belebter. Mehr Lichter und mehr Leute. „Glaube ich nicht.“ Als hätte der Fahrer auf ein Wort von Hakan gewartet, zuckelte die Straßenbahn weiter. Die Danziger hieß lange nicht mehr so, sondern Petersburger, und ab hier Warschauer. Auf nichts kann man sich verlassen.

Warschauer Ecke Grünberger.
Sobald die Türen verriegelt waren, standen eine coole Frau in Lederjacke und zwei jugendliche Männer in Kapuzenpullis auf. „Guten Tag! Die Fahrscheine bitte."
Voll gelungen die Tarnung. Nie im Leben hätte Hakan auf diese drei getippt. Er hatte angenommen, an Sonntagen machten die Kontrolettis Betriebsausflug. Einer der Typen hielt ihnen seinen Ausweis vor die Nase. Sein Pech, dass sie alle drei ihre Schülermonatskarten dabeihatten.
S-Bahnhof Warschauer Straße.
Als Hakan mit sechs Jahren nach Berlin gekommen war, hatte er sich in den Kopf gesetzt, Arzt zu werden. Wegen Opa. Opa war krank, keiner konnte ihm helfen. Hakan wollte ganz schnell, immer zwei Klassenstufen auf einmal nehmend, Arzt werden und Opas unheilbare Krebskrankheit kurieren.
Kurz nachdem der Vater sie nach Berlin geholt hatte, starb Opa, was man Hakan verschwieg. Die Nachricht sollte ihm, der sehr an Opa hing, nicht den Schulanfang überschatten. Lange wurde zu Hause so getan, als lebte Opa noch. Doch irgendwann kam es heraus. Da war Hakan unendlich wütend auf die Eltern.
Arzt werden, was für ein Quatsch! Hakan war zwar nicht schlecht in der Schule und kam ohne Anstrengung mit. Aber ein Medizinstudium? In seiner Familie war eher Serap der Überflieger. Sie war Klassenbeste und seit Kurzem sogar Klassensprecherin. Wenn jemand in der Familie Medizin studieren würde, dann sie.
„S- und U-Bahnhof Warschauer Straße. Endhaltestelle. Bitte alle aussteigen." Verstellte der Dicke seine Stimme?
Sie stiegen als Letzte aus.
„Wohin jetzt?", fragte Wahib.
Berechtigte Frage. Ringsherum Ödnis. Die Straßenbahn

rollte mit abgeschalteter Anzeige ins Depot. Links ragte die U-Bahn-Trasse, rechts säumten graue Gebäude die Straße.

„Angenommen, er ist tatsächlich so weit gefahren. Was würde er dann machen?“, fragte Daffyd.

Wenn Hakan das wüsste! Leicht abschüssig verlief die Straße an der Hochbahn entlang hinab zur Brücke, die Friedrichshain mit Kreuzberg verband. Kurz nach dem Mauerfall waren hier, an der Nahtstelle zwischen Ost und West, Kämpfe zwischen Fascho-Skins und Antifas ausgetragen worden, die Hakan zwar nicht erlebt, aber als Teil des Kulturerbes einer jüngst vergangenen Epoche aus verschiedenen inoffiziellen Quellen mitbekommen hatte.

„Geradeaus!“, sagte Hakan. Würde sein Vater zurücklaufen? Warum sollte er? Hakan würde das nicht tun.

Hakan fand sich manchmal seinem *old man* erschreckend ähnlich. Klar, er war einen Kopf größer, aber mittlerweile überragten fast alle in seiner Klasse ihre Väter. Hakan und sein Vater waren sich, auf Wahibisch gesagt, in anderer Weise und Art ähnlicher, als ihm recht war. Zum Beispiel das Nicht-nein-sagen-Können und das Es-allen-recht-machen-wollen. In entscheidenden Augenblicken war Hakan immer derjenige, der nachgab: Na gut, machen wir es halt so, mir ist es egal. Höfliches Entgegenkommen halten die Leute für eine Schwäche und braten einem dafür umso lustvoller eins über. Mit zunehmendem Alter könnte sich das zu einem Problem auswachsen, wie bei seinem Vater.

Zum Beispiel: der Ehrgeiz und das Durchsetzungsvermögen. Hakan war oft ehrgeizig, genau wie sein Vater früher. Aber manchmal, kurz vor dem Ziel, machte es knack! in seinem Kopf und er fragte sich wozu. Plötzlich erschien ihm die ganze Abhampelei lächerlich. Und er ließ los. Wenn er sich durchsetzte und bekam, was er wollte, meldete sich prompt das schlechte Gewissen. Es geht doch immer auf

Kosten anderer. Der eigene Erfolg beruht auf dem Misserfolg anderer. Aus dieser Sicht fand Hakan Misserfolg manchmal fast annehmbarer.

mondän *elegant, auffallend*

Unten am Spreeufer hatte man ein bemaltes Stück Mauer als Kunstwerk aufgestellt und ihm einen mondänen Namen verpasst: *East Side Gallery*. Das Hotel gegenüber hieß East Side Hotel. Berlin versuchte so krampfhaft, New York zu sein, dass man glatt Mitleid kriegen konnte.

Wahib zeigte auf die schnieke Hotelbar. „Hier vielleicht?"

Hakan schüttelte den Kopf. „Keine Chance!"

Daiquiri, Margeurita, Sex on the Beach *Cocktails*

Nie käme der Vater auf die Idee, mit der Mutter in einen teuren Schuppen zu gehen, mal stilecht einen draufzumachen und dafür ein paar satte Scheine auf den Tisch zu blättern. Wann hätte er sich je einen *Daiquiri*, eine *Marguerita* oder einen *Sex an the Beach* gegönnt? Mitten in Berlin lebte er wie in seinem Dorf. Italienische Küche, Sushi, französische Käse waren ihm fremd. Warum zum Teufel war er hierher gezogen? Alles, was diese Stadt an Schönem und Gediegenem zu bieten hatte, war an ihm vergeudet. Er kannte nur die Kehrseite Berlins, ihren Schrott, ihren Dreck. Schade, unendlich schade!

An der Ecke gegenüber, in den Bahnbögen, zog eine große Leuchttafel den Blick auf sich. Die nackten, solariumbraunen Hühnchen darauf, aufgespießt in mehreren Reihen, wirkten eher abstoßend als verführerisch. Werbeplakate, aus Platzmangel in unzähligen Schichten übereinander geklebt, polsterten einen Stahlpfeiler, als wollten sie ihn vor Mensch und Auto schützen. Neben dem Hühnchen-Imbiss eine Spielhalle, daneben der schmale Eingang einer Disko. An Diskos mangelte es in dieser Wüste nicht. Vermutlich tanzte man mit Kakteen, angeregt vom Rattern der Hochbahn über den Köpfen – schöne Grüße an *Björk*.

„Ich weiß nicht, wo dein Alter hingehen würde", sagte

Daffyd schließlich ratlos. „Ich jedenfalls gehe erst mal hier rein. Ich brauche dringend einen Kaffee." Auf einem Schild neben dem Disko-Eingang prangte mit Maßkrug in der Hand der behäbige Schultheiss-Mann. Ohne zu zögern stieß Daffyd die Tür auf und trat ein.

Old man, look at my life, I'm a lot like you were ... Neil Young hatte Hakan weich wie Fallobst gekriegt. Wahrscheinlich werden unsere Kinder uns eines Tages die gleiche Frage stellen: Wie könnt ihr bloß so abgefuckt leben? Aber wer will sich schon von schreienden Bälgern und knochenharten Teenies traktieren lassen? Ein Glück, dass Hakan nicht sein eigenes Kind war. Als sein Vater hätte er sich keinen Tag lang ausgehalten. Aber nun gut, so war das nun mal. Sonst wäre er nicht er, sondern irgendein Schleimbeutel. Nichts in der Welt ist widerlicher als ein Schleimbeutel. Man muss gut aufpassen, dass man nicht so wird. Die Gefahr ist groß, viele von der Sorte laufen frei in der Gegend herum und halten sich für wer weiß wie tolle Typen. Nimm es nicht persönlich, Pops, das richtet sich nicht gegen dich. Es trifft dich nur zufällig, weil du mein Vater bist. Aber wenn du ein steinreicher Börsenhai wärst, ein Fabrikant, ein Erfolgsmanager oder auch nur ein Schriftsteller wie Grass oder Yaşar Kemal, wäre es schlimmer, glaub mir. Dann hättest du mehr abgekriegt. Das nur zum Trost. Verstehst du mich – irgendwie?

11

Hinter dem Tresen trocknete ein Mann mit Ohrring – klein, leicht gebeugt und verlottert – Gläser ab, ein ergrauter Wuschelkopf, der auf jung machte, obwohl er ungefähr so alt sein musste wie Hakans Vater.

„Was kann ich euch Gutes tun?“, fragte er.

„Drei Kaffee.“ Daffyd schaute zur Tür. „Wo bleibt Wahib?“

„Wahrscheinlich pinkelt er wieder“, sagte Hakan.

Auf den Hockern am Tresen saß man nicht bequem, aber mit Ausblick. Hakan drehte sich in den Raum.

Was er sah, versetzte ihn nicht gerade in Entzücken.

An dem Tisch hinten in der Ecke saß eine Gruppe Glatzen. Hochgekrempelte Jeansbeine, mit weißen Senkeln geschnürte schwarze Springerstiefel. Unverhohlen glotzten sie herüber.

„Vorsicht – Kaputtniks!“, zischte Daffyd.

Hakan nickte. Er war zu beunruhigt, um einen Kommentar abzugeben.

Der Freak füllte drei Tassen aus der Kaffeemaschine und setzte sie ihnen vor, wunderte sich wohl, für wen die dritte gedacht war. Der Kaffee dampfte. Und roch gut.

„Ein Euro fünfzig.“

„Fairer Preis!“ Hakan bezahlte.

Zum Glück saß die kahle Zirkustruppe ziemlich weit hinten und sie nahe der Tür. Notfalls konnten sie schnell die Fliege machen. Drei Sekunden Vorsprung würde voll reichen.

Daffyd hatte andere Sorgen. Er deutete auf Wahibs Kaffee. „Der wird kalt!“

Wahib kam nicht. Offenbar hatte er die Lage richtig gepeilt und sich dezent zurückgezogen. Er ging nirgends hinein, ohne vorher die Luft zu schnuppern. Klar, er *musste* das.

Im Hinterzimmer spielten zwei von derselben Sorte Poolbillard, zwei weitere schauten zu. Einer der Spieler war ein wahrer Koloss, ein Fleischberg auf Beinen wie gestopfte Leberwürste. Über den Schenkeln spannte die Hose bis zum Bersten, der gut gepflegte Bierbauch wabbelte bei jeder Bewegung. Das weiße Gesicht erinnerte an einen Holzwurm, der sich pappsatt gefressen hat, ohne je das Sonnenlicht zu erblicken. Feist – das war das Wort. Er trug breite Hosenträger, als würden ihm sonst die knallengen Jeans herunterrutschen. Sicher brauchte er täglich mindestens eine Stunde, um seine Massen da hineinzuquetschen. Und eine weitere, um sich wieder herauszupellen. Es sei denn, er behielt sie immer an. So sah die Hose aus.

„Ob man sie füttern darf?", flüsterte Daffyd Hakan ins Ohr.

Hakan gab ein gequältes Lächeln zurück.

Da kam, offensichtlich nach gründlicher Glatzenpolitur, noch einer aus der Toilette und setzte sich zu den anderen an den Stammtisch. Die beiden Zuschauer im Hinterzimmer waren nach vorn gekommen, als spielte jetzt hier die Musik. Zu allem Überfluss saßen an einem Tisch in der Fensternische gleich hinter Hakan und Daffyd, bis dahin unbemerkt, drei weitere grimmig im Halbdunkeln. Plötzlich sah es in dem elenden Schuppen aus wie bei einem Bundeswettbewerb für Glatzköpfe. Wer hat die glatteste Glatze im ganzen Land?

Hakan wurde steif. Wahib hatte sich klug verhalten, und sie Idioten waren hier hereingetappt wie zwei Schafe. Einmal hatte Daffyd Hakan auf der Schultoilette aus der Patsche geholfen. Diesmal aber lieferte er ihn durch seine Unbedachtheit praktisch ans Messer. Sie waren viel zu schnell viel zu weit vorgeprescht, als dass Wahib sie noch hätte warnen können. Und nun saßen sie in der Tinte.

Hakan hatte nicht mal sein Gasspray dabei. Es lag in der

Schublade unter den Socken. Sonst trug er es immer in der Hosentasche. Man wusste ja nie. Weil er aber bemerkt hatte, dass die Mutter in letzter Zeit heimlich seine Taschen nach Zigaretten, Joints oder Kondomen durchsuchte, hatte er die Spraydose versteckt und heute Vormittag vergessen, sie herauszuholen.
Alle Blicke waren auf sie gerichtet. Aber nicht Daffyds hellblonden Schopf, Hakans schwarze Locken nahm man aufs Korn.
Die Tür wurde aufgerissen, in Hakan flimmerte ein Hoffnungsschimmer. Wahib? Mit Unterstützung?
Pustekuchen! Vier weitere Polierte erschienen.
„Verdammte Kacke!" Daffyd wurde bleich.
Drei blieben am Eingang stehen und hielten die Tür auf, der vierte trat an den Tresen.
„*Hasse*röder!", sagte er mit Betonung auf der ersten Silbe. „Vier kalte!" Und fixierte Hakan mit halb zugekniffenen Augen. Kurz nur, aber lang genug, um Hakan einen Schauer über den Rücken zu jagen. Ein Maskengesicht, gefühllos, ohne Ausdruck. Einer, der nicht viele Worte machen würde.
Der Fiesling nahm dem Freak die vier Dosen ab und brachte sie hinüber zu den anderen. Einer von ihnen hatte sich an die Tür gelehnt, kontrollierte sowohl drinnen als auch draußen. Die Umzingelung war komplett.
Shit happens, dachte Hakan. Es roch eindeutig danach. Hakan stellte sich Wahib draußen vor, mit dem Handy in der Hand hinter einem Pfeiler versteckt, bereit, beim ersten Rumpeln in der Kiste Eins-Eins-Null zu wählen. Aber bis Hilfe kam, wäre die Arbeit hier längst erledigt. Dann könnte die Reinigungskolonne anrücken. Ob der Freak hinter dem Tresen ihnen beistehen würde, wenn es losging? Klein, zierlich und mit weichem Gesicht sah er nicht danach

aus, als könne er irgendwem, einschließlich sich selbst, helfen. Hakan blieb nichts als *to kiss his ass goodbye!*

Klack!, machte es aus dem Hinterzimmer, eine Kugel rollte ins Loch. Gegröle, Gelächter wie von Hyänen. Der Bierbauch bebte mächtig. Wie konnte ein Mensch, rein physikalisch betrachtet, so viel Getöse von sich geben?

Gönnerhaft schlug das Meat Loaf – Hakan nannte ihn so, weil er aussah wie ein Stück Hackbraten – seinem Spielkumpan auf den Rücken. Der flog fast mit der Schnauze auf den grünen Tisch. Geadelt durch diesen Ritterschlag kam er zum Tresen, um die nächste Runde zu holen.

Mit zwei Queues, die in seinen Pranken wie Streichhölzer wirkten, erschien nun der Koloss selbst am Durchgang und scannte mit seinen viel zu kleinen Knopfaugen den Raum. Sein Blick schweifte weiter, weiter, weiter, bis er an Hakan haften blieb.

Queue *Spielstock beim Billard*

Meat Loaf ist der Boss, blitzte es Hakan durch den Kopf, alle haben auf ein Zeichen von ihm gewartet. Jetzt geht es los. Wahib, beeil dich! Wie aber sollte der ahnen, dass sich die Lage drinnen so zugespitzt hatte?

Der Fleischberg kam ins Rollen, mit seitlich ausholenden Schritten bewegte er sich auf Hakan zu. Offenbar kniff die Hose im Schritt, ließ keine andere Gangart zu. Etwa einen Meter von Hakan entfernt blieb er stehen und stieß eines der Queues auf den Boden. Aus der Nähe roch er ranzig wie ein Grizzly unter dem Arm.

„Ich kann nicht!", sagte Hakan mit gepresster Stimme. Peinlich leise.

Das Queue bewegte sich keinen Millimeter.

„Ich kann!" Daffyd stand auf.

Daffyd, guter Freund, dachte Hakan. Du hast dich geschnitten, wenn du glaubst, du hättest weniger zu befürchten als ich. Sie würden jeden hernehmen für ihren Spaß.

Das Queue blieb, wo es war. Meat Loaf wedelte Daffyd mit einem Wurstfinger vor der Nase als letzte Warnung, die Schnauze zu halten. Dann zeigte der Finger auf Hakan. Er war der Auserwählte. Hakan nahm das Queue entgegen. Ließ er sich am grünen Tisch verhöhnen, wäre Zeit gewonnen, kostbare Zeit, die Wahib brauchte, um zu schnallen, was vorging. Und vielleicht gäbe ja schließlich der Freak doch noch seinem Herzen einen Stoß.

Der aber war erst mal verschwunden. Hinten klapperten Geschirr und Besteck. Gerade im richtigen Augenblick war ihm das Abwaschen eingefallen. So konnte er später ruhigen Gewissens behaupten, er hätte nichts gesehen. Wäre ja nicht mal gelogen. Wenn man mal bei Rot über die Straße geht oder auf dem Bürgersteig Rad fährt, regen sich alle auf. Wenn jemand vor aller Augen umgebracht wird, will es niemand gesehen haben.

Meat Loaf watschelte voran. Ein gewaltiger Nacken in mehreren Wülsten, ein Rücken so breit wie ein Kingsize-Bett. Weiß schimmerten seine Unterhosen durch die auseinander gezerrten Nähte des Hosenbodens. Dieses Urviech bräuchte nur versehentlich auf ihn zu fallen, Hakan wäre platt wie eine Flunder. Er entschied sich, den Kopf freiwillig auf den Block zu legen. Widerstand würde die Sache nur unsauberer machen, es gäbe mehr Spritzer.

Zu dumm, dass seine Beine so schlotterten. Er konnte sich einen würdigeren Abgang vorstellen. Aber die Beine gehorchten ihm nicht.

Wenige hundert Meter entfernt strömten Leute von überallher, um das Mauerkunstwerk zu bewundern. Sollten sie lieber in diesen Schuppen kommen. Da hätten sie in ihren schmucken Städtchen wenigstens etwas zu erzählen.

Flink sammelte Meat Loaf die Kugeln, legte sie in das Dreieck und reichte Hakan die weiße. Wie nett von ihm, dass Hakan anfangen durfte!

Er gab seinem Queue einen Ruck, traf die weiße Kugel aber nur seitlich. Sie rollte kraftlos zu den anderen und löste gerade zwei von der Gruppe ab.

Meat Loaf hatte die ganze Zeit die Spitze seines Queues mit Kreide bearbeitet. Mit einem gewaltigen Stoß wirbelte er die Bälle wild klecksend durcheinander, fast hätte er den grünen Filzbelag aufgeschlitzt. Lange dauerte es, bis das Durcheinander zum Stillstand kam. Keine einzige Kugel fand den Weg ins Loch.

„Verfluchte Scheiße!“

Das waren seine ersten Worte. Bis dahin hatte er nur gegrunzt und gezischt. Das Arrangement auf dem Tisch sah für Hakan günstig aus. Mit leichtem Stoß rollte er eine Kugel in eines der sechs Löcher. Dann noch eine. Er hätte glatt alles aufräumen können. Da er aber aus dem Augenwinkel unter all denen, die sich um den Tisch geschart hatten und jede seiner Bewegungen verfolgten, Daffyds besorgtes Gesicht erkannte, besann er sich eines Besseren.

Wenn er bloß wüsste, was klüger wäre, gewinnen oder verlieren! Es war sicher nicht ratsam, den Koloss zu reizen. Aber solche Typen hatten in der Regel kein Mitleid mit Verlierern. Wahrscheinlich erkannten sie in ihnen ihr eigenes Spiegelbild. Er entschied sich für ein *fake.*

Wieder wirbelte Meat Loaf die Kugeln durcheinander. Es fehlte nicht viel und eine wäre über die Tischkante geflogen. „Verdammter Mist!“ Das machte vier Wörter. Nicht übel! Sein Wortschatz war also doch nicht so kärglich, wie Hakan gedacht hatte.

Hakan war kein Billardspieler. Wenn er aber mal im Jugendfreizeitheim spielte, fiel es ihm leicht, das nötige Fingerspitzengefühl aufzubringen. Meat Loaf hatte keins. Er versuchte es mit roher Gewalt statt mit Präzision. Wahrscheinlich konnte er seine Kraft nicht auf diese niedrige Stufe dosieren.

Hakan gewann und war erleichtert, als Meat Loaf die Kugel wieder in das Dreieck legte. „Noch mal!"

Diesmal nahm Hakan sich fest vor, das Spiel in die Länge zu ziehen. Und unbedingt zu verlieren. Was machte bloß Wahib, diese Flasche?

Auch Verlieren will gekonnt sein. Er war zu dumm dazu und viel zu aufgeregt. Bis zuletzt hielt er das Spiel so weit unter Kontrolle, dass er einen Punkt im Rückstand war. Doch dann beförderte er mit einem unbeabsichtigt eleganten Stoß die letzten beiden Kugeln, die schwarze zu allerletzt, in die Löcher. Schuldbewusst schaute er auf.

Meat Loaf musterte ihn. „Wo kommst du her?"

„Aus dem Wedding." Sicherlich keine gute Adresse bei diesen Typen.

„Nein, ich meine, wo du *richtig* herkommst."

„Ich wohne in Berlin."

„Ja, aber wo bist du geboren?"

„In Berlin." Das war glatt gelogen.

„Wo deine Alten herkommen, will ich wissen!", beharrte der Fettkloß.

Nun gab es kein Ausweichen mehr. „Aus der Türkei!", sagte Hakan nach einem letzten Zögern.

„Dacht ich's mir doch!" Der Fleischberg rollte ein Lachen vom Stapel, das Hakan vor Schreck zusammenfahren ließ.

„Habt ihr das gehört?" Der Wurstfinger zeigte auf Hakan. „Er ist aus der Türkei."

Alle grinsten.

Der Berg näherte sich. Unwillkürlich wich Hakan einen Schritt zurück.

„Tolles Land! Dufte Leute!“, donnerte es.

He? Was war das jetzt?

„Bist du da gewesen?“, wagte Hakan zu fragen.

„Klaro! Im Sommer. Für vier Wochen.“ Die rechte Hand des Kolosses zeigte vier Finger. Offenbar mochte er sich nicht gerne allein auf Wörter verlassen.

„Urlaub?“ Hakan konnte sich den Typen in der Türkei überhaupt nicht vorstellen.

„Kann man so sehen“, erwiderte der lässig. „Zwangsurlaub. Gerichtlich verordnet, wie es so schön heißt. Die Alternative wäre das Kittchen gewesen.“

„Wieso?

„Ach, alte Geschichten. Jugendsünden. Vier Wochen. Flug, Hotel – alles umsonst. Inklusive Taschengeld.“

„Im Bunker wäre auch alles umsonst“, warf einer ein.

„Erst wollte ich auch lieber in den Knast“, sagte Meat Loaf zu seiner Rechtfertigung. „Aber der Thorsten – wo ist der denn? – hat mich überredet mitzufliegen. Habe ich keine Minute bereut.“

„Hier!“ Wie beim Zählappel meldete sich ein Junge hinten. Klein, weiches Gesicht. „Ich war mit. Auch nichts bereut.“

Wieso kam sein Gesicht Hakan bekannt vor. Wo hatte er den schon mal gesehen?

„Ich auch!“, sagte ein anderer.

Plötzlich wurde Meat Loaf redselig. „Das mit der Hitze war schon ziemlich übertrieben, aber im Schatten mit einem Bier hältst du es aus. Junge, ich war in Kemer eine lokale Größe! Überall luden die Leute mich ein. He, Axel, komm! *Çay* hier, *çay* da. Alle können ein bisschen Deutsch. Wie Graf Koks hab ich dort gelebt.“

Çay
Tee (gesprochen: Tschai)

Dann beugte er sich fragend zu Hakan. „Aber eines versteh ich nicht. Kannst du mir vielleicht sagen, warum die Türken immer diesen ollen Tee trinken, wo es dort so ein geiles Bier wie *Efes* gibt?"

Hakan suchte im Kopf nach Worten. Aber der Koloss, der sich Axel nannte, erwartete keine Antwort.

„Peter!", brüllte er plötzlich durch die Kneipe, dass ihm die Halsschlagader quoll. „Ich hab dir doch gesagt, du sollst ein paar Dosen Efes besorgen!"

„Hab ich ja!", ertönte die weiche Stimme des Freaks.

„Komm!", sagte Axel zu Hakan. „Wir trinken jetzt einen. Ich geb das aus. Du hast gewonnen."

Respektvoll wichen die Umstehenden zur Seite. Hakan folgte ihm, Daffyd im Schlepptau.

Sie setzten sich auf ihre Hocker, Axel ließ sich neben Hakan nieder. Gefährlich nahe dem Zusammenbruch knarrte der Hocker unter seinen fast drei Zentnern.

„Drei Efes!"

„Sag mal, ihr seid noch nicht achtzehn, oder?", fragte Peter die beiden Jungs.

Hakan schüttelte den Kopf.

„Dann darf ich euch kein Bier ausschenken. Wollt ihr lieber eine Cola oder einen Saft?"

„Verdammt, was für ein Saftladen!" Axel verdrehte die Augen. „Immer das Gleiche."

Vor Daffyd und Hakan standen die Kaffeetassen, noch halb voll.

„Ich gebe euch frischen." Peter leerte die Tassen und füllte sie neu.

Hakans Mund fühlte sich an wie ein Stück Holz, das zwei Wochen unter sengender Sonne gelegen hat. Der Kaffee tat unendlich gut.

Tatsächlich holte Peter eine Dose Efes aus dem Kühlschrank.

„Das ist die letzte für heute, Axel!", sagte er. „Du hattest schon zwei."

„Mann, Peter, warum musst du immer so …" Murrend griff Axel in seine Gesäßtasche.

Peter winkte ab. „Das geht aufs Haus."

Nach und nach, hauptsächlich aus Peters Erklärungen, setzten Daffyd und Hakan die Puzzleteile zusammen. Diese Kneipe war ein Projekt für Jugendliche, die Vorstrafen wegen ausländerfeindlichen Delikten hatten. Über einen bestimmten Zeitraum mussten sie sich jeden Tag hier melden. Sie kamen von überallher, aus Hellersdorf, Weißensee, Steglitz, Wilmersdorf, Pankow. Einer sogar aus dem Wedding.

„Eigentlich kommen wir gern", sagte Axel. „Peter ist in Ordnung. Außerdem kostet hier alles nur die Hälfte."

„Wenn man seine Freizeit in einem anderen Stadtteil verbringt", erklärte Peter, „gerät man nicht gleich wieder in die alte Clique. Die Fahrtkosten werden vom Amt zurückerstattet. Ich führe Strichlisten."

Für Axel, Thorsten und noch einige schwerwiegende Fälle hatte das Projekt als Rehabilitierungsmaßnahme eine Türkei-Reise organisiert.

Rehabilitierung *hier: Wiedereingliederung*

„Hilft das?", fragte Daffyd.

„Nicht immer, nicht bei jedem. Aber diese Jungs hier sind mittlerweile zahm. Axel frisst mir aus der Hand."

Er hielt die Hand hin und Axel spielte Eichhörnchen. Urkomisch! Alle lachten.

Daffyd ging Wahib holen. Er fand ihn wie vermutet an die Rückseite eines Pfeilers gepresst, wie mit dem Metall verschmolzen. Da hätten sie lange auf Hilfe warten können. Er hatte sich nicht getraut, die Notnummer anzurufen.

„Meinst du, ich habe Lust, mich wegen falschen Alarms von der Polizei anmachen zu lassen?", sagte er. Und in der Tat wäre es falscher Alarm gewesen.

Misstrauisch trottete Wahib hinterher und setzte sich neben Daffyd, vorsichtshalber mit dem Rücken zur Wand. Das Glatzenvolk beachtete ihn kaum, was ihm nur recht war. Er traute dem Frieden nicht.

Axel schwärmte immer noch von seinem Urlaub, vom Strand und von den urigen Typen, die es dort überall gebe. Thorsten neben ihm nickte. Wieso kam Hakan dieses Gesicht bekannt vor?

„Schade, dass hier keine Türken vorbeischauen“, schloss Axel. „Man kann sich prima mit ihnen unterhalten.“

„Mich wundert das nicht“, sagte Peter. „So wie ihr ausseht!“

„Seit vier Monaten sitze ich jeden Tag hier. Kein Einziger!“, beharrte Axel. „Und dann auf einmal zwei!“

„Daffyd ist Deutscher“, sagte Hakan. Wahib saß so unauffällig wie möglich in der Ecke. „Und Wahib kommt aus Somalia.“

„Die meine ich nicht. Ich weiß schon, wie ein Türke aussieht. Ich meine den von gestern Abend.“

„Von gestern Abend?“ Hakan horchte auf.

„Er war viel älter als du, aber genauso in Ordnung. Wir haben uns lange über die Türkei unterhalten. Ihr Türken seid großzügig. Er hat eine Runde geschmissen, dann noch eine.“

„Weißt du, wie er heißt?“, fragte Daffyd.

Axel zuckte mit den Schultern. „Hab nicht gefragt. Kann ich mir sowieso nicht merken.“

„Hör mal, das ist wichtig“, sagte Hakan. „Wie sah dieser Mann aus? Ich suche meinen Vater.“

„Wie alle Türken halt. Mit Schnurrbart, klein.“

„Du suchst deinen Vater?“ Peter musterte Hakans Gesicht. „Könnte sein. Die Augenbrauen, das Kinn ...“

Hakan sprang auf. „Wo ist er hingegangen?“

„Er spielt aber lausig Poolbillard“, beschwerte sich Axel. „Wenn du ihn siehst, sag ihm das! Von Axel!“

„Er saß lange hier, drei, vier Stunden“, erzählte Peter. „Mich wunderte es auch, dass er sich hier wohl fühlte. Gegen halb zwölf, zwölf ging er.“

„In welche Richtung?“

„Zuletzt, als ich zum Luftschnappen vor die Tür trat, habe ich ihn auf der Brücke gesehen.“

„Tausend Dank!“ Hakan wandte sich an Daffyd und Wahib: „Gehen wir?“

Auch sie standen auf.

„He, wo geht ihr hin?“ Axel war enttäuscht. „Wartet doch mal kurz!“

Er kritzelte eine Nummer auf einen Bierdeckel und gab ihn Hakan. „Falls du mal Lust hast, einen draufzumachen, rufst du mich an!“

„Klar! Wir machen ein Café auf“, sagte Hakan. „Wir laden dich zur Eröffnung ein.“

„Wo?„

„Im Wedding.“

Axels Gesicht verzerrte sich wie im Schmerz. „Nur weil du es bist, Kleiner. Wann ist das?“

„Spätestens in zwei Jahren.“

„Ach so!“ In Axels Stimme lag Enttäuschung.

„Muss von langer Hand vorbereitet werden.“

„Verstehe!“

Peter begleitete sie hinaus. „Nicht immer geht es so gut. Ich will nichts beschönigen, die Erfolgsquote ist eher gering.“

Hakan nickte. Er hatte von einer Gruppe Jugendlicher gehört, die aus Brandenburg nach Kreuzberg gekarrt worden waren, damit sie mit Türken in Berührung kamen. Null Interesse.

„Jahrelang“, sagte Peter, „versuchte eine Westfrau auf Usedom, mit rechtsradikalen Jugendlichen ins Gespräch zu kommen. Schließlich wurde ihr Ehemann zusammengeschlagen. Resigniert gab sie auf. Es gibt 50.000 Rechtsradikale und nur wenige Aussteigerprogramme. Ein Tropfen auf den heißen Stein. Viele erscheinen erst gar nicht, brechen ab und werden rückfällig. Die Gefahr besteht weiter, da soll man sich nichts vormachen."

„Warum gibt es gerade im Osten so viele? Wo dort doch kaum Ausländer leben!", fragte Daffyd.

„Gerade deswegen", meinte Peter. „Die meisten, die ausländerfeindliche Sprüche Ioslassen und Ausländer angreifen, haben nie einen Ausländer aus der Nähe gesehen. Aber ich halte es für falsch, den Rechtsradikalismus für ein Ostphänomen zu halten."

Ostphänomen *Ausnahmeerscheinung im Osten Deutschlands*

„Mölln und Solingen liegen nicht im Osten", sagte Daffyd.

Die ‚Dialogbereitschaft' von Daffyd und Wahib nervte Hakan. Er war schon im Gehen, wollte aber Peter nicht unterbrechen.

„Wer allein den Osten dafür verantwortlich macht, verharmlost die Gefahr. Dieses Virus erfasst die ganze Welt."

Peter ereiferte sich. „Sprüche klopfen, aber nichts dagegen tun. So geht das nicht, habe ich mir schließlich gesagt. Oder sollte ich etwa mit ansehen, wie mein Sohn mit solchen Matschbirnen durch die Gegend zieht und Leute zusammenschlägt?"

„Dein Sohn?", fragte Hakan.

„Ja, Thorsten ist mein Sohn."

Plötzlich wurden alle still. Man hörte die Straßenbahn, wie sie ins Depot einfuhr.

Jetzt, nachdem Peter das gesagt hatte, wusste Hakan, warum Thorsten ihm die ganze Zeit bekannt vorgekommen war.

„Was hat er gemacht?", fragte Daffyd schließlich.

Peter schwieg lange, bevor er antwortete: „Ein Wohnheim angesteckt."

„Eine letzte Frage: Was hat Axel verbrochen?“ Diese Neugier konnte Hakan sich nicht verkneifen.

Peter blies den Rauch aus. „Schlimm! Ganz schlimm! Der Mann wurde mit Rippenbrüchen ins Krankenhaus eingeliefert. Er konnte nur mit Mühe zusammengeflickt werden. Ein Türke. Hat es zum Glück überlebt.“

„Warum?“

„Du fragst, warum? Einfach so. Ohne Grund. Der Mann wartete auf den Nachtbus. Und da kam zufällig Axel vorbei ...“

Auf dem Weg zur Brücke erst bemerkte Hakan, wie tief ihm der Schrecken in den Knochen saß. Das war äußerst knapp gewesen! Eine hauchdünne Schicht nur hatte ihn von Rippenbrüchen und Schlimmerem getrennt.

Und auch den Vater. Was hatte er denn bloß in dem Schuppen gesucht? Hakan konnte ihn sich in dieser Kneipe genauso wenig vorstellen wie einen Pinguin in der Wüste. Wenn er blindlings da hineinging und ohne Zwang lange blieb, dann war er wirklich mächtig neben der Rolle.

Hakan musste ihn unbedingt finden.

12

Am Schlesischen Tor trat ein Mann mit einer Satellitenantenne aus dem Bahnhofsgebäude. Hinter der großen weißen Schüssel sah man von ihm nur die Beine. Wie auf eigenen Füßen lief die Schüssel über die Straße. Bayram war gerettet. Türkischer Pop und Schnulzen bis zum Abwinken. Dämmerte es oder hingen die Wolken tief? Etwas braute sich zusammen. Hakan hoffte nun doch auf Schnee. Die Temperatur war weiter gesunken.

Beim Postamt fiel ihm wahrhaftig eine schüchterne Flocke auf die Nase. Noch ein paar wehten herbei, zu klein noch, um darin eine ultimative Entscheidung zu erkennen. Doch bald gab es immer mehr davon und als sie den Lausitzer Platz erreichten, lag der schon wie mit Puderzucker bestäubt.

„Jetzt?“, fragte Wahib am Görlitzer Bahnhof, an der Ecke, wo die Oranienstraße stark abgeschrägt auf die Skalitzer stieß. Mit ihren Restaurants, Kneipen und Cafés sah sie einladender aus als die öde Skalitzer. Zwar bot auf der anderen Straßenseite die Wiener eine reelle Alternative, doch hätte das fast eine vollständige Kehrtwende abverlangt. Einmal in die Gänge gekommen, lief der Vater am liebsten geradeaus wie eine aufgezogene Puppe. Nur ein physikalisches Hindernis könnte ihn zu solch einem Richtungswechsel bewegen. Sie überquerten die Manteuffelstraße. Fast fuhr ihnen ein Abbieger die Hacken ab.

„Türke, was!“, rief Hakan ihm empört nach. Daffyd und Wahib kicherten.

Inzwischen hatte sich der Schnee auf den Bürgersteigen behauptet. Nur die Fahrbahn war noch schwarz geblieben. Die Flocken im Lichtkegel der Straßenlaternen und Autoscheinwerfer wurden immer größer.

Kurz vor der Bordkante rutschte Daffyd aus.

„Beinahe wäre ich richtig gestürzt“, sagte er, wieder im Gleichgewicht.

Hakan feixte: „Stümper! Du willst doch immer alles richtig machen.“

Vor circa zwölf Stunden war sehr wahrscheinlich sein Vater hier langgelaufen. Hakan schaute auf seine Beine, wie sie sich mechanisch in kurzen, schnellen Schritten fortbewegten und wie seine Schuhe auf der dünnen Schneeschicht gräuliche Spuren hinterließen. Du gehst genau wie dein Vater, hatte Mahmut Bey vor der Moschee zu ihm gesagt. Jetzt musste Hakan ihm wider Willen recht geben. Er hatte wirklich, ob es ihm gefiel oder nicht, den gleichen Gang.

Wahib hauchte in die Hände. „Vielleicht sitzt er mittlerweile zu Hause in der warmen Stube, während wir ihn hier in der Taiga suchen.“

Taiga *sumpfiges Waldgebiet hier: Wildnis*

„Das werden wir gleich wissen.“ Hakan holte sein Handy hervor.

„Hallo?“ Es war Serap. „Wo bleibst du? Jetzt sorgt sich Mama auch noch um dich.“

„Serap, erzähl mir keine Geschichten. Ist Papa da?“

„Sehr witzig. Wer sucht ihn denn, du oder ich? Wir dachten, du bringst ihn mit.“

„Serap, werd nicht frech …“

„Mein Sohn“, tönte die mürbe Stimme der Mutter aus dem Hörer. „Wo bist du?“

„In Kreuzberg. Papa war gestern nach Mitternacht hier in der Gegend. Wir versuchen gerade herauszufinden, wohin er dann gegangen ist.“

„In Kreuzberg? Vielleicht war er bei Hasan.“

„Wer ist das?

„Kennst du ihn nicht? Ein alter Freund deines Vaters. Er hat vor Kurzem ein sehr schönes *lokanta* aufgemacht.“

„Ach ja!“ Vage erinnerte sich Hakan, dass sein Vater einmal zu Hause von einem Hasan gesprochen hatte, der in Kreuzberg ein Restaurant eröffnen wollte. Er fand das nicht besonders originell und hatte nicht weiter zugehört. Hätte er bloß!

„Wo ist dieses *lokanta*?“, fragte er. „Wie heißt es?“

„Weiß ich auch nicht', antwortete die Mutter. „Es soll irgendwo in Kreuzberg sein.“

„Na toll! Das ist eine große Hilfe“, zischte Hakan. Irgendwo in Kreuzberg! Da kann man lange suchen.

„Hakan“, ertönte die besorgte Stimme Vildan Hanıms. „Beeil dich! Es ist schon halb fünf, in gut zwei Stunden kommen die Gäste. Jetzt bist auch du fort. Was sollen wir bloß machen?“

„Mama, du hast nur den Besuch im Kopf.“

„Was denken sie von uns, wenn außer mir und Serap keiner da ist?“

Na und? Hatte Hakan sie etwa eingeladen? Warum musste er seinen Kopf hinhalten und diese einfältigen Unterhaltungen, die endlose Ausfragerei über sich ergehen lassen: Wie geht es dir? Wie geht es deiner Tante? Wie geht es deinem Beschneider und seinem Schwippschwager?

Papa war schlau. Er war abgehauen und würde erst zurückkommen, wenn die Luft wieder rein war.

„Mir ist schnurzpiepegal, was sie denken.“

„Hakan, mein Sohn ...“

Er drückte auf die rote Taste. Wie kann man nur so ehrpusselig sein? Bla bla bla! Und schon ist der Tag um.

ehrpusselig *übertrieben auf seine Ehre bedacht*

Nach dem Restaurant brauchten sie nur einmal zu fragen und fanden es prompt. *Hasan'ın Yeri* lag gleich um die Ecke in der Adalbert. Hakan fiel ein handgeschriebener Zettel an der Tür auf: *Tecrübeli aşçi aranıyor*. Koch mit Erfahrung gesucht.

Koch mit Erfahrung? Wollte der Vater etwa ...? Aber der Schuppen, groß wie eine Halle, stand gähnend leer. Offensichtlich als etwas Besseres gedacht, war das Restaurant vom Stil her gründlich missraten. Von wegen *ein sehr schönes lokanta!* Eindeutig eine dieser gastronomischen Totgeburten. Holzfurnierte Tische standen, frei nach Wahib, in Glied und Reih, ein Netz mit Plastikfischen, Plastikmuscheln und Plastikseesternen bedeckte eine ganze Wand. Bilder von verschneiten Bergkuppen und Blumenwiesen in knalligen Farben stachen ins Auge. Unter einem weinumrankten Baldachin, von dem Plastiktrauben groß wie Kuheuter herabbaumelten, befand sich der Ausschank. Der Besitzer war ehrgeizig genug, ein Fischerparadies und eine ländliche Idylle zugleich schaffen zu wollen – *surf and turf*. Mitten in dieser bombastischen Kulisse saß er mutterseelenallein und löste Kreuzworträtsel in einer bunten Zeitung.

Er kannte Rahmi Aslan. Und der war tatsächlich heute früh gegen zwei da gewesen, hatte bis vier oder fünf am Ausschank gesessen und lediglich eine Linsensuppe verzehrt. Danach wollte er nach Hause gehen. Aus Dankbarkeit lud Hakan auch den Wirt zur Eröffnungsfeier ein.

Am Kottbusser Tor hatten die Holzstände türkischer Gemüsehändler einer Gruppe Punks Platz gemacht. Sie thronten auf einem Sperrmüll-Sofa und freuten sich über den Schnee.

„Hast du ’ne Fluppe?“, fragte ein Mädchen, geschmückt mit Ketten, Reifen und Ringen. „Oder zwei? Waati will bestimmt auch eine.“ Erwartungsvoll grüßte der schwarze Hund neben ihr mit dem Schwanz.

„Nö!“, sagte Hakan. „Brauch ich nicht. Einmal tief einatmen reicht mir.“

„Oder vielleicht ’n bisschen Kleingeld?“, fragte sie. „Das geht auch.“

„Sehr entgegenkommend von dir.“ Hakan holte eine der Münzen aus seiner Tasche.
„Super! He, schaut mal!“ Sie zeigte das Geld den anderen auf dem Sofa.
„Gina, du bist ’ne Wucht!“, rief einer zurück.
„Sollten wir sie nicht zur Eröffnung einladen?“, fragte Wahib. „Warum nicht?“, sagte Wahib. „Die bringen eine schön schräge Note in das Ganze.“
„Wir machen ein Café auf im Wedding,“ rief Hakan zum Sofa hin. „Ihr seid alle zur Eröffnung eingeladen.“
„Klasse!“, rief einer zurück.
„Wohin sollen wir euch die Einladung schicken?“
„Hierher“, sagte Gina. „Wir sind immer zu Hause. Tag und Nacht.“
Der Hund kam auf Hakan zu, beschnupperte ihn, drückte sich fest an seine Beine. Hakan kraulte ihn, fuhr mit der Hand über das glänzend schwarze Fell, der Hund winselte zufrieden.
Gina wickelte ihren grauen Schal um den Kopf.
„Der ist aber schnieke!“, bemerkte Hakan.
„Klar! Ist ein Geschenk!“ Sie zeigte ihm den Zipfel. Auf dem Etikett stand: Köymen Trabzon. Wie auf dem Schal von Hakans Vater.
„Von wem?“
„Von so einem Türken.“
„Geiler Bock!“, rief ein anderes Mädchen vom Sofa her. „Der wollte bestimmt an ihr Höschen.“
„Gina trägt doch gar keins“, sagte ein Junge.
„Wollte er gar nicht“, versetzte Gina. „Du bist ein Idiot, Jojo. Er hat nur gesehen, dass ich friere.“
„Gina fuhr voll auf die Kalkleiste ab!“, sagte dieser Jojo.
„Wann war das?“, fragte Hakan aufgeregt.

„Gestern Abend. Er kam und setzte sich zu uns aufs Sofa."

„Er war cool, echt. Der coolste Türke diesseits des Bosporus", sagte Jojo. „Er gab jedem ein Scheinchen. Sogar Xanthi, die man sonst immer übersieht."

Ein kleinwüchsiges Mädchen grinste.

„Jedem ein Scheinchen? Ihr spinnt", sagte Daffyd.

„Das stimmt!", rief der Junge.

„Das ist mein Alter", stieß Hakan hervor.

„He, dein Alter ist schwer in Ordnung", sagte Xanthi. „Ich wünschte, meiner wäre auch so."

„Wow! Sugar daddy!"

„Daddy, daddy cool!", intonierte einer.

„Your daddy rocks, ey!"

„Sexy! Zum Reinbeißen!"

„Die Türken sind die besseren Menschen. Sag ich doch immer."

„Nein, die Russen!"

„Mensch, Didi, das sagst du bloß, weil du ein Ossi bist."

Didi war mit dem Hund beschäftigt, der versuchte, mit der Schnauze Schneeflocken einzufangen.

„Moment, Moment!" Hakan unterbrach sie. „War der Mann klein? Trug er einen Schnauzbart?" Er wollte die letzte Gewissheit.

„Einen dünnen. Wie Clark Gable."

„Klein war er auch."

Die Antwort kam mal von diesem, mal von jenem. Das verwirrte.

„Wann genau ist er hier aufgekreuzt?", fragte Wahib.

„Keine Ahnung. Um fünf 'rum, schätze ich. Er ist lange geblieben."

Hakan fragte: „Was hat er hier gemacht?"

„Sich mit uns unterhalten."

„Er hat sich unterhalten?"

„Und wie! Wir dachten, er hört gar nicht mehr auf. Hat Spaß gemacht. Ein uriger Kerl, dein Alter!"

„Komischer Vogel!" Xanthi kicherte.

Das soll mein Vater sein?, dachte Hakan. Zu Hause schweigt er wie eine Buddha-Statue, mit Skins und Punks unterhält er sich die ganze Nacht?

„Zuerst hat er den Mund kaum aufgekriegt. Nach einer Weile aber begann es aus ihm nur so herauszuplätschern. Dann redete er wie ein Wasserfall, stundenlang", erzählte Gina.

„Und dann?", fragte Daffyd.

„Irgendwann stand er auf, der Zeiger der Straßenuhr stand auf zehn, und schenkte mir seinen Schal." Sie strich mit der Hand darüber. „Verteilte sein ganzes Geld in die Runde und ging."

„Sein ganzes Geld?", echote Hakan.

„Alles! Er sagte, er braucht es nicht mehr."

Hakans Gesicht verdunkelte sich. Er schaute Daffyd an, doch der wich seinem Blick aus. Auch Wahib schaute zu Boden.

„Wohin?", fragte Hakan alarmiert.

„Null Ahnung!"

„Hat er nichts erzählt ..."

„Nee, hat er nicht! Plötzlich war er verschwunden", sagte Didi. „Wir haben nicht mal gesehen, in welche Richtung."

Schweigend standen die drei Jungs am Hochbahneingang. Sternförmig gingen sechs Straßen vom Kreisverkehr um das Kottbusser Tor ab, keine der sechs sagte ihnen etwas.

„Hakan", sagte Daffyd nach einer Weile, „ich weiß, was du denkst. Das muss aber überhaupt nicht heißen ..." Er kam ins Stocken.

„Es ist schon fünf", entgegnete Hakan. „Wenn er um zehn

Uhr früh hier losgegangen ist, müsste er längst zu Hause sein."

„Vielleicht ist er gerade ...", stammelte Wahib.

Keiner glaubte es richtig. Matt zog Hakan sein Handy hervor und betätigte langsam die Tasten. Diesmal ging die Mutter dran.

„Nein, ist er nicht!", antwortete sie. „Aber die Gäste kommen in anderthalb Stunden. Was soll ich bloß machen?" Sie fing an zu schluchzen.

Hakan legte auf.

Der Schnee hatte nun auch die Straßen vollständig bedeckt, nur wenige Autos fuhren. Außerirdisch wirkte die Stadt, gedämpft, leise, langsam. Noch war kein Streudienst da. Sonntag.

„He?" Mit aufgerissenem Mund nach Luft schnappend griff Hakan in seine Hosentasche. Daffyd und Wahib bekamen große Augen. Beinahe wäre Hakan vor Aufregung das Handy aus er Hand geflogen.

„Und? Gerade eingetrudelt?", fragte er bemüht lässig.

Fehlanzeige! Seraps Stimme war unruhig. „Hakan, du sollst sofort nach Hause kommen, ohne Papa. Sibylle hat jetzt die Polizei angerufen."

„Was? Ihr spinnt."

„Du musst vor sieben da sein, bevor die Gäste eintreffen, hörst du?"

„Schrei nicht so!", sagte Hakan leise. „Ich bin nicht taub."

„Lässt Mama ausrichten. Vor sieben, verstanden?"

Meine Güte!, dachte Hakan, während er abschaltete. Die Polizei! Das darf doch wohl nicht wahr sein.

Die Fahrt kam Hakan ewig lang vor. Er hatte das Gefühl, die Hochbahn fahre absichtlich langsam, um sein Unglück

zu vervollkommnen. Die zwei Haltestellen bis zur Prinzenstraße wollten und wollten nicht kommen.
Und dort die endlose Warterei auf den 248er. Der Fahrer, ein sprichwörtlicher Sonntagsfahrer, hatte die Ruhe weg. Er plauderte mit den Einsteigenden, hielt bei Gelb an, fuhr ganz merkwürdige Schlenker. Hallesches Tor, Möckernbrücke, Anhalter Bahnhof, Potsdamer Platz, Platz der Republik zogen in Zeitlupe am Busfenster vorbei.
Erst am Lehrter Bahnhof kurz vor Wedding ließ Hakans Spannung nach. Plötzlich hatte er es nicht mehr eilig. Stattdessen überkam ihn nun Bammel vor Zuhause.
„Lasst uns hier aussteigen“, schlug er kurz vorm Nordhafen vor.
Wahib widersprach: „Wieso? Wir können bis zum Nauener Platz fahren und von dort aus laufen.“
„Und tanzen kurz nach sechs, eine Stunde vor dem Besuch, zu Hause an. Meinst du, ich habe Lust auf das Geheule bei uns? Wir steigen hier aus und nutzen die Zeit zu einer Lagebesprechung.“
Daffyd sagte: „Dann schaffst du es aber nicht bis sieben.“
„Muss ich denn oberpünktlich sein? Mein Vater ist ja auch nicht da. Ich will mich erst mal ein bisschen sortieren.“

13

Wer war das? Ungeachtet der mit wüsten Drohungen versehenen Parkbank hatte sich doch tatsächlich jemand auf ihrem Stammplatz am Kanalufer breit gemacht. Ein Schneemann, Kopf und Schultern von einer dicken Schneeschicht bedeckt, starrte aufs Wasser.

„Kein Problem!", sagte Wahib. „Der wird sich das gleich anders überlegen. Unausstehlich, wie wir sind!"

Der Mann saß mitten auf der Bank und nahm sie vollständig in Beschlag.

Er nahm keine Notiz von ihnen, als sie sich ihm von hinten näherten.

„Mister! Können Sie nicht ein wenig zur Seite rutschen, damit andere auch eine Chance haben?"

Wahib sprach laut und deutlich, doch der Schneemann rührte sich nicht. Da klopfte ihm Wahib forsch auf die Schulter.

„Sahib! Ich sagte gerade ..."

Langsam, in Zeitlupe wie in einem Gruselfilm, drehte der Mann den Kopf, zwei tieftraurige Augen schauten sie an.

Ein Zucken in Hakans Bauch.

„Papa! Du?"

Der Mann blieb ungerührt.

„Endlich! Was machst du denn hier?", rief Hakan.

„Ich denke nach!" Rahmi Beys Stimme klang unerwartet klar.

„Jetzt? Am Bayram? Mama spielt verrückt zu Hause."

„Sag bloß – ist es schon so weit?", fragte Hakans Vater.

„Wusstest du das nicht?"

Daffyd und Wahib zogen sich diskret ans Ufer zurück.

„Natürlich weiß ich, dass Bayram vor der Tür steht. Bis dahin wollte ich zurück sein. Aber wenn man mit interessanten Leuten ins Gespräch kommt, vergisst man die Zeit."

„Interessante Leute?“

„Und ob! Ich habe einen kennengelernt, der war eine richtige Maschine.“

„Kann man wohl sagen.“ Hakan lachte bitter. „Mit ein bisschen weniger Glück hätte diese Maschine Hackfleisch aus dir gemacht.“

„Tatsächlich, ist es so weit, ja? Ich habe es nicht gemerkt. Na denn, Hakan.“ Rahmi Bey erhob sich. Klumpen von Schnee lösten sich von seinem Hut, seinen Schultern und fielen in einer kleinen Lawine zu Boden. *„Bayramın kutlu olsun, oğlum!“*

„Bayramın kutlu olsun, baba!“ Hakan umarmte seinen Vater, drückte dessen schmächtigen Körper an sich. Himmel, wie dünn er geworden war! Auch Papa hielt ihn fest, sehr fest und sehr lange, hielt ihn, wie er es nie zuvor getan hatte. Und da schossen Hakan plötzlich Tränen aus den Augen, liefen die Wangen hinab, in die Mundwinkel, schmeckten nach Salz. Seine Sicht verschwamm, zwischen den feuchten Wimpern sah er Licht in leuchtende Lanzen brechen wie durch eine schmutzige Glasscheibe. Etwas in ihm taute, die überstandene Angst, die unterdrückte Trauer, der ganze Kummer, alles floss wohlig schmerzhaft aus ihm heraus.

„Ich habe dich die ganze Zeit gesucht. Überall“, schluchzte er. Er versuchte nicht einmal, sein Gesicht vor dem Vater zu verbergen. Es machte ihm nichts aus. Überhaupt nichts.

„So? Du hast mich gesucht? Das hätte ich nicht gedacht.“

„Wieso nicht?“

„Ich dachte, ihr seid froh, wenn ihr mich los seid.“

Hakan schüttelte wortlos den Kopf.

„Mein Sohn hat mich gesucht!“ Rahmi Bey sank zurück in seine Schneemulde auf der Bank. Sein Gesicht sah sehr müde aus, zugleich aber auch auf völlig ungewohnte Weise offen.

Hakan wischte sich über die Wangen und setzte sich neben ihn.
Wie gut, dass sie hier ausgestiegen waren! Er war doch kein so schlechter Pfadfinder. Dabei hatte er die Suche schon aufgegeben und wollte sich hier nur ein wenig sortieren. Dass sein Vater auch auf die gleiche Idee gekommen war!

Im Wasser spiegelte sich das Licht der Laternen. Gegenüber, am Friedrich-Krause-Ufer (Wer zum Teufel ist dieser Friedrich Krause?), ragten schwarze Titane: Zentrale Sozialhilfestelle für Asylbewerber, Thyssen, Hafenanlagen. Über ihnen ging der Mond auf.

„Ist das nicht erstaunlich?“, sagte Rahmi Bey leise.

„Was? Der Mond?“

„Der Mond, das Wasser, der Schnee – alles! Die Lichter, die Gebäude.“

Hakan war oft mit Daffyd und Wahib hier gewesen, bei Vollmond, bei Halbmond und auch bei Neumond wie jetzt. Nie wäre einer von ihnen darauf gekommen, das trostlose Ufer, die hässlichen Bauten und die kolossalen Bahnbrücken über dem Kanal schön zu finden.

Aber jetzt ...

„Es ist kein Zufall, dass wir heute Neumond haben“, sagte der Vater. „Bayram fällt immer auf den ersten Tag des neuen Monats nach dem *Ramadan*. Im islamischen Mondkalender fängt jeder Monat mit Neumond an.“

Neumond steht für Hoffnung und Erneuerung.

„Was für eine Welt!“, fuhr der Vater versonnen fort. „Mit all diesen Menschen darin: Christen und Muslimen, Türken, Deutschen und Afrikanern. Für alle gibt es darin einen Platz. Und vielleicht sogar für einen wie mich.“

Daffyd und Wahib waren herangetreten und standen nun neben der Bank.

„Aber dicke!“, bekräftigte Daffyd.

Rahmi Bey sprach weiter, klar, mit fester Stimme: „Überall suchen die Menschen Nähe und Wärme, sitzen in überfüllten Kneipen beisammen. Jeder versucht, aus seinem Leben etwas zu machen, das zu ihm passt. Auf tausend verschiedene Arten. Ist das nicht erstaunlich?“

„Absolut!“, bestätigte Daffyd abermals.

„Ich habe viel gesehen, viel erlebt, über sehr vieles nachgedacht', sagte Rahmi Bey.

„Sie waren *wirklich* bei den Skins?“, fragte Wahib.

„Bei wem?“

Hakan erklärte: „Na, bei diesen Glatzköpfen. In Friedrichshain, an der Warschauer Brücke.“

„Du meinst Axel, Thorsten und wie sie alle heißen?“

„Ja! Hattest du keine Angst?“

„Angst? Wieso das?“

„Ach, nur so.“

„Warum sollte ich? Sie waren nett. Wir haben ein Bier zusammengetrunken. Dann noch eins. Wir haben Billard gespielt.“

„Dieser Axel hat einen Türken beinahe umgebracht, weißt du das?“

„Das glaube ich nicht.“

„Du hast wahnsinnig Glück gehabt. Was da alles hätte passieren können! Ich soll dich übrigens von dieser Maschine grüßen. Er hält dein Billardspiel für entwicklungsfähig.“

„Ja? Hab ich zum ersten Mal gespielt.“ Er klang geschmeichelt. „Auf jeden Fall bin ich dort ziemlich lange geblieben. Und dann ...“

„... bist du zu Hasan Bey gefahren“, sagte Hakan.

„Woher weißt du das?“

„Wir waren auch da. Dort hast du eine Linsensuppe gegessen.“

„Schmeckte miserabel. Hasan sucht einen guten Koch.“

„Rahmi Amca, Sie waren auch bei den Punks?“, fragte Wahib.

„Bei wem?“

Wieder musste Hakan erklären: „Bei den Typen am Kottbusser Tor.“

„Ach die! Das waren vielleicht komische Vögel.“

„Genau das Gleiche haben sie von dir gesagt."

Alles eine Frage der Perspektive.

„Verrückte junge Leute! Aber umgänglich. Wir haben uns gut unterhalten. Und zusammen eine Zigarette geraucht."

Hakan spitzte die Ohren.

„Ach ja?"

„Stellt euch mal vor! Eine einzige Zigarette für alle. Eine lange, dicke. Selbst gedreht. Da merkte ich, was das für arme Teufel sind. Ein bisschen Geld konnten die gut gebrauchen."

Die drei bogen sich vor Lachen.

„Hat die Zigarette geschmeckt, Rahmi Amca?", fragte Wahib.

„Roch ein bisschen komisch, schmeckte aber nicht übel", sagte Rahmi Bey.

Hakan: „Aber warum hast du all dein Geld weggegeben? Warum sagtest du, du brauchst es nicht mehr."

„Sie waren so viele, das Geld war im Nu weg. Egal, dachte ich. Mir ging es unheimlich gut. Wozu brauche ich dann noch Geld?"

„Aber wo bist du ganze Zeit danach geblieben?", fragte Hakan.

„Ich habe mich sofort auf den Weg nach Hause gemacht und bin zu Fuß hergekommen. Als ich diese Bank sah, wollte ich mich kurz hinsetzen, mich ein wenig ausruhen, nachdenken. Da seid ihr plötzlich aufgetaucht."

„Von wegen!", sagte Hakan. „Stundenlang musst du hier gesessen haben. Du bist steif gefroren. Los, Papa. Mama wartet auf uns. Du hast keinen Schal mehr. Ist dir nicht kalt?"

„Überhaupt nicht."

„Du frierst doch sonst gleich."

„Ja, mir war immer so kalt. Seitdem ich vor einem Jahr oder länger in dieses tiefe Loch gefallen war. Ich saß in dem Loch und fror. Es war furchtbar."

„So was Ähnliches hat Sibylle auch manchmal", sagte Daffyd.

Hakan schaute ihn an. Auch er hatte Sibylle von einem schwarzen Loch erzählen gehört. Sie war zwar immer munter, hilfsbereit und tatenfroh. Doch gelegentlich hatte sie einen Durchhänger, schloss sich in ihr Zimmer ein, sprach mit niemandem. Nach ein paar Tagen aber war sie dann wieder so munter wie zuvor. Bei seinem Vater hingegen hatten sich die Depressionen zu einer richtigen, chronischen Krankheit ausgewachsen.

„Am Anfang bin ich noch immer wieder aus dem Loch herausgekommen", erzählte Rahmi Bey. „Später nicht mehr. Immer schaffte ich es bis an den Rand, aber dann kam ein Hund, kohlrabenschwarz, groß wie ein Panzerwagen, und griff mich an. Und ich stürzte wieder nach unten."

Rahmi Bey stand die Furcht noch ins Gesicht geschrieben.

„Es war, als kroch ich umher in einem dunklen Tunnel. So sehr ich den Ausgang suchte, der Tunnel nahm kein Ende. Es war eng, kein Licht, nirgends, und ich ganz allein. Zuletzt hatte ich nur noch einen Wunsch: dass das alles aufhört. Egal wie. So was hält kein Mensch aus, das könnt ihr mir glauben."

„Apropos schwarzer Hund, die Punks hatten auch so einen", sagte Hakan.

„Der ist mir zuerst aufgefallen. Aber das war der freundlichste Hund der Welt. Die ganze Zeit legte er seinen Kopf auf meine Knie. Als ich merkte, dass ich keine Angst vor ihm hatte, wusste ich, das Ende des Tunnels war erreicht."

„Und wie fühlen Sie sich jetzt?", fragte Wahib.

„Ich trau mich kaum, es auszusprechen, aber ich glaube, ganz gut. Mir ist, als hätte ich neue Augen. Allein diese Laternen hier, schaut nur, wie ihre Lichter sich im Wasser spiegeln. Die ganze Zeit schon. Und ich friere nicht mehr." Er stand auf, knöpfte den Mantel auf. „Überhaupt nicht!"

Eine der Laternen beschien die Absackerkneipe.

„Rahmi Amca", sagte Daffyd. „Diese Kneipe dort – wie gefällt sie Ihnen?"

„*Meister Tippel*", las Rahmi Bey. „Komischer Name."

„Der Name ist bescheuert", sagte Wahib. „Aber wie finden Sie sie sonst? Ich meine, insgesamt. Die Lage und so."

Rahmi Bey betrachtete die Örtlichkeit genauer. Er ließ sich Zeit damit und die Jungs warteten geduldig. Schließlich ging er sogar hin und trat, als prüfe er den Reifendruck beim Gebrauchtwagenkauf, mit der Fußspitze dreimal gegen die niedrige Gartenmauer, bevor er das Ergebnis seiner Untersuchungen bekannt gab. „Prima! Direkt am Ufer."

„Die wollen wir pachten", sagte Daffyd. Hakan versuchte, ihn mit Handzeichen zum Schweigen zu bringen, aber Daffyd übersah ihn absichtlich.

„Wer? Ihr?", fragte Rahmi Bey verwundert.

„Ja, wir. Wir haben sogar schon mit dem Makler gesprochen", sagte Daffyd, als täte er so was jeden Tag.

„Kinder, das ist kein Spiel. Ihr seid zu jung."

„Wir machen ja auch ein Café für junge Leute daraus", sagte Wahib. „Ohne Alkohol. Ein Programmcafé mit Live Musik, Poetry Slam, Rap."

Sie erklärten ihm ihren Plan. Und als sie merkten, dass er ihnen richtig zuhörte und nicht wie sonst nur so tat, gingen sie in die Einzelheiten. Zuletzt nannten sie ihm den Preis.

„Meine Güte", sagte Rahmi Bey. „Das ist ja kein Geld. Aber glaubt ihr, dass der Makler so lange auf euch wartet?"

„Warum nicht? Offenbar wird er sie nicht los." Dass selbst der Vater sich für den Gedanken erwärmen konnte, ermutigte Hakan. „Und wenn nicht, finden wir etwas anderes. Hier steht vieles leer. Wichtig ist, man hat eine Idee, einen ...“

„Einen Traum“, kam ihm der Vater zuvor.

„Genau!“, sagte Wahib. „Das ist das Wort. Hauptsache, man hat einen Traum. Wenn man keinen mehr hat, kann man sich gleich hinlegen.“

Genau das aber war Hakans Vater passiert. Nach seiner grandiosen Pleite hatte er sich und den Rest der Welt aufgegeben. Seitdem war er eine Art Untoter gewesen. Aber war es nicht so, dass sich jetzt wieder etwas in ihm regte?

„So schlecht ist eure Idee nicht“, sagte er.

Daffyd setzte nach: „Ja, und wir haben die Arbeit schon aufgeteilt. Es fehlt nur jemand, der so was wie *finger food* macht.“

„*Fingir* was?“

„Pops, das sind kleine Naschereien, die man mit den Fingern vom Teller nimmt.“

„Du meinst gefüllte Weinblätter, Pasteten und so was?“

„Zum Beispiel.“

„Das kann ich bestens.“

Daffyd schlug sich mit der Handfläche auf die Stirn. „Mensch, sind wir doof! Warum haben wir nicht gleich daran gedacht. Dein Vater ist doch Koch von Beruf, Hakan! Hat er nicht in einer Kantine gearbeitet?“

„Nicht nur das“, sagte Rahmi Bey. „Davor habe ich in einer Hotelküche gekocht.“

Hakan wurde sehr lebendig. „Früher hat Papa zu Festtagen Sachen gemacht, da schlackert ihr mit beiden Ohren. Meine Mutter ist ein Waisenkind dagegen.“

„Das will was heißen.“ Daffyd war von klein auf ein Fan von Vildan Hanıms Küche.

„Ich kann dieses *fingir fut*. Die Leute werden sich die Finger danach lecken."

„Was meint ihr, sollen wir ihn einstellen?" Daffyd sah mit gespielt ernster Miene in die Runde.

Sein Blick blieb an Wahib haften. „Wahib, du bist der Boss."

„Als Türsteher können wir ihn schlecht engagieren. Als Animateur wahrscheinlich auch nicht. Aber als Koch ist er unschlagbar, wenn mein Gefühl mich nicht trügt."

Er baute sich vor Rahmi Bey auf, nahm Haltung an und verkündete feierlich: „Sahib Rahmi Aslan Efendi! Hiermit ernenne ich Sie zum Chefkoch unseres Cafés. Bitte treten Sie Ihren Dienst an heute in ..."

„... in zwei Jahren", ergänzte Daffyd gedämpft. „Aber was machen Sie bis dahin, Rahmi Amca?"

„Ich habe schon was. Hasan sucht einen guten Koch für sein Restaurant. Ich fange nächste Woche an."

„Papa, für wen willst du dort kochen? Heute war da kein Mensch."

„Das war wegen Bayram. Hasan hat einen Vertrag mit einer Gesellschaft geschlossen, die Stadtrundfahrten organisiert. Die wollen mittags in seinem Restaurant einkehren."

„Rahmi Amca, was finden Sie besser als Name für unser Café: *Sonnentrinker* oder *Iron Butterfly* – Eiserner Schmetterling?", fragte Daffyd.

„Eiserner Schmetterling? Genauso habe ich mich in der letzten Zeit gefühlt, wie ein Schmetterling mit eisernen Flügeln. Aber das ist vorbei. Ich bin für *Sonnentrinker*."

Wahib und Hakan blickten Daffyd fragend an. Es stand drei zu eins.

„Einverstanden!", sagte Daffyd schließlich.

„Wenn man einen Namen hat, ist das Kind so gut wie geboren", sagte Rahmi Bey.

14

Der 227er Bus lud sie an der Haltestelle Pank- Ecke Badstraße ab. Wahib schaute auf die Uhr. „Drei Minuten vor sieben."

„Pünktlicher als die Bahn", sagte Hakan. „Dagegen müssen wir etwas tun. Sieben Uhr nach türkischer Zeit bedeutet halb acht. Früher kommt der Besuch auch nicht."

„Ach nee! Sonst regst du dich auf. Du hast keine Vorurteile gegen Türken, was?", sagte Daffyd.

„Das sind keine Vorurteile, das sind Tatsachen."

Da klopfte in seinem Ausguck, den er ohne falsche Bescheidenheit den Nabel der Welt nannte, Serdar an die Scheibe. Mit einer Schachtel türkischen Honigs empfing er sie an der Tür.

„Guten Abend, Rahmi Amca! Guten Abend, Freunde! *Bayramınız kutlu olsun!*"

Traditionsbewusst, wie er war, küsste er Rahmi Bey die Hand und den drei Jungs die Wangen, obgleich sie diese Formalität schon am Vormittag, bevor sie ihre Odyssee durch die Stadt antraten, hinter sich gebracht hatten. Serdar war ein leuchtendes Beispiel dafür, dass man, um glücklich zu sein, nichts braucht außer Talent dazu und ein bisschen guten Willen.

Odyssee *hier: Irrfahrt*

„Das war aber ein ziemlich langer Moscheebesuch", sagte er. „Rahmi Amca, wenn Ihr Sohn so weitermacht, wird er eines Tages der Ober-Imam vom Wedding."

„Wie geht es deinem Vater? Ich habe ihn lange nicht gesehen", fragte Rahmi Bey.

„Ich auch nicht", kam die Antwort. „Er ist zu sehr damit beschäftigt, seine Kröten zu zählen. Wie kann man bloß so versessen auf Geld sein?"

„Was ist schon Geld?", sagte Rahmi Bey. „Wirfst du es Ziegen vor, drehen sie den Kopf weg. Glaubt Hüseyin Efendi etwa, er kann sein Geld mit ins Grab nehmen?“

„Das frage ich mich auch“, erwiderte Serdar. „Apropos Gold: Es war einmal ein Lase aus Trabzon, der kam nach Istanbul, weil er gehört hatte, dort wäre das Kopfsteinpflaster aus Gold. Kennen Sie den?“

„Nein!“

„Da er keine Arbeit fand, ließ er sich etwas einfallen. Er lief mit einem riesengroßen Nagel von Kaffeehaus zu Kaffeehaus und wettete mit den Leuten, dass er ihn mit wenigen Kopfhieben in die Wand treiben könne. Weil sie das für völlig unmöglich hielten, wetteten alle eifrig mit. Aber für unseren Freund aus Trabzon war es ein Kinderspiel. So fand er sein Auskommen.“

„Wir aus Trabzon sind bekannt für unsere Dickköpfigkeit“, sagte Rahmi Bey. „Ein treffender Witz!“

„Moment! Er ist noch nicht zu Ende. Eines Tages drang der Nagel nur bis zur Hälfte in die Wand. So sehr der Mann sich abmühte, das Ding bewegte sich keinen Millimeter weiter. Verzweifelt nahm unser guter Lase einen Anlauf nach dem anderen. Nichts zu machen. Erschöpft gab er schließlich auf.

‚Was ist hinter dieser Wand?‘, fragte er.

‚Alis Friseurladen‘, antworteten die Leute und folgten ihm, der sogleich nach nebenan ging.

In Alis Laden wartete ein Kunde, den Kopf gegen die Wand gelehnt, und plauderte. Wo sein Kopf die Wand berührte, war der Putz abgeplatzt und aus dem Loch schaute die Spitze des Nagels.

‚Bist du aus Trabzon?‘, fragte der Kopfkünstler ihn.

‚Ja. Woher weißt du das?‘

Die beiden Landsmänner fielen sich in die Arme.“

Man hörte ein Glucksen. Rahmi Bey hielt eine Hand vor den Mund, als wäre es ihm peinlich. Doch gleich darauf nahm er sie wieder weg, es ging nicht anders. Ein lautes Lachen brach aus ihm hervor, er lachte rund heraus, anhaltend, aus ganzem Herzen. Es war ein Lachen, wie man es sich offener, freier nicht hätte wünschen können.

„So sind meine Leute“, sagte Hakans Vater, sich Tränen aus den Augen wischend. „Temperamentvoll wie die Wellen des Schwarzen Meeres, hartköpfig wie Massivholz und fromm wie ein Lamm.“

„Gewiss, nur bei jedem etwas unterschiedlich dosiert“, schränkte Serdar mit einem Seitenblick auf Rahmi Bey ein, dem man wahrlich kein glühendes Temperament nachsagen konnte. „Sehr unterschiedlich sogar.“

Serdar zwinkerte Hakan zu, Hakan nickte anerkennend. Mit einem breiten Lächeln lavierte er sich neben Serdar. „Das war spitze!“, sagte er. „Ab dem ersten Ferientag also. Jeden Tag zwei Stunden, gegen Abend.“

„War dieser Witz endlich nach deinem Geschmack?“, fragte Serdar.

„Wie meinst du das?“

„Hast du das nicht bemerkt? Ich erzähle Lasenwitze, dabei bin ich selber einer. Wenn das keine Selbstironie ist!“

Rahmi Bey lachte immer noch. „Ja, ja, die Lasen. Das ist ein Menschenschlag für sich.“ Etwas in ihm hatte sich gelockert und schließlich gelöst. Nun ließ sich dieses Etwas, frei nach Hakans Mantra, von der Strömung treiben, anstatt sich ihr sinnlos zu widersetzen.

„Dabei heißt es: Die Türken haben bei uns nichts zu lachen“, sagte Daffyd.

„Wir heben es uns bis zum Schluss auf“, erwiderte Serdar. „Du weißt doch: Wer zuletzt lacht …“

Die Tür wurde aufgeschlagen, Serdars Vater wirbelte hinein.

„Hallo, Jungs!“, rief er in seiner polterigen Art. „Alle stehen herum, keiner bestellt was. Typisch mal wieder!“

Natürlich sagte er das aus Spaß. Aber es ist ein Spaß, der zu ihm passt, dachte Hakan. Seinem Vater wäre so ein Spruch nie eingefallen. Er hätte sich am meisten gefreut, wenn es den Leuten schmeckt und nicht, wenn sie viel verzehren.

„Rahmi, auch du bist da?“ Jetzt erst entdeckte Hüseyin Bey Hakans Vater hinten in der Ecke. Die beiden umarmten und beglückwünschten einander zu Bayram. Was für ein Glück, dachte Hakan, dass mein Vater so ist, wie er ist, und nicht wie der von Serdar. Hüseyin Bey verdiente gut, aber auf wessen Kosten? Der arme Serdar verbrachte seine besten Jahre hinter einem Döner-Spieß, den er nicht mehr riechen konnte. Das Wort Freizeit war ihm so unbekannt wie ein Versepos in Sanskrit. Wenn er den Laden verließ, dann allenfalls für ein paar Stunden Schlaf. Dabei war er nur zwei Jahre älter als Hakan. Sobald er sechzehn geworden war, hatte er die Schule verlassen. Nie würde Hakan mit ihm tauschen wollen.

Versepos in Sanskrit *Heldengeschichte in Versen in einer altindischen Literatursprache*

Bald verließ Hakans Truppe den Laden.

Dieser Serdar ist wirklich ein Phänomen, dachte Hakan, während der Schnee ihm unter den Sohlen knarzte. Er hat es tatsächlich geschafft, Papa zum Lachen zu bringen!

Der Vater lief im dichten Schneefall vorneweg neben Wahib, die Schultern aufgerichtet, seine Schritte fest. Er war wie ausgewechselt. Mit ungeheurer Erleichterung stellte Hakan fest, dass Papa doch nicht der Schwächling war, für den er ihn gehalten hatte. Er war stark genug, sich am eigenen Schopf aus dem Sumpf zu ziehen.

Nachdem in der Klinik schon ein Bett für ihn bezogen worden war, hatte er endlich gecheckt, dass der Zug mit Volldampf Richtung Klapsmühle fuhr und war gerade noch knapp vor der Endhaltestelle abgesprungen. Wenn sogar sein Vater, dem Hakan es zuletzt wirklich nicht mehr zugetraut hätte, sich in so aussichtsloser Lage zu helfen wusste, konnte das im Prinzip jeder schaffen. Das würde Hakan sich merken.

War es die Nacht gewesen, die ihm geholfen hatte? Waren es die Begegnungen mit all diesen sonderbaren, eigensinnigen, unterschiedlichsten Menschen gewesen?

Oder vielleicht vor allem das Gehen? Ja, gehen und sich gehen lassen.

Sein Vater hatte verstanden, dass es keinen Sinn hat, sich fortwährend aufzubäumen. Dass er ohne Widerstand Stöße leichter abfangen, mit Gefühl Bewegungen besser umlenken kann.

Dass man, wenn man sich blindlings einfach nur sträubt, am Kiesgrund wund gescheuert wird.

Sich auf den Rücken legen und wie ein Stück Holz treiben lassen.

Bodysurfing auf den Wellen.

Als die vier Schneemänner klingelten, blieb die Tür erst lange verschlossen. Von drinnen hörte man ein Tuscheln, gedämpfte Schritte, aufgeregtes Gerenne. Was war das jetzt wieder? Erst nach einem Sturmklingeln öffnete Serap.

„Ich dachte, es sind die Gäste!", sagte sie.

„Was? Die sind noch nicht da?" Hakan schaute auf seine Uhr. Viertel vor acht. Grinsend gab Daffyd ihm mit erhobenem Daumen ein Zeichen des Siegs.

„Papa! Da bist du! Endlich! Wo warst du bloß?" Serap fiel ihm um den Hals. „Mama, komm schnell! Papa ist da."

Ein Gebet vor sich hin murmelnd eilte Vildan Hanım herbei. Beim Anblick ihres Mannes, der den Schnee von den Schuhen klopfte, brach sie in Tränen aus. „Allah hat meine Gebete erhört! Seit gestern Abend bitte ich pausenlos, dass

Er dich mir heil und gesund zurückbringt."

„Wenn wir gewusst hätten, dass *Er* das macht, hätten wir uns die Sucherei sparen können", murmelte Hakan so leise, dass seine Mutter es nicht hören konnte.

Kaum hatten die Heimkehrer Schuhe und Jacken ausgezogen, klingelte es wieder.

„Die Gäste!", rief Serap.

Der Geruch von gebratenem Fleisch, Knoblauch und frisch gebackenem Brot zog durch die Räume. Hakan, Daffyd und Wahib sahen einander an. Den ganzen Tag über hatten sie nichts gegessen, für Hakan war selbst das Frühstück ausgefallen. Erst jetzt bemerkte er, dass er einen Riesenkohldampf hatte.

Einen Kohldampf wie ein Wolf.

Kurt gibi.

MATERIALIEN

Der Autor Kemal Kurt

Der Schriftsteller, Übersetzer und Fotograf Kemal Kurt wurde am 29. Oktober 1947 in Corlu/Türkei geboren. Er studierte von 1966 bis 1972 in der Türkei und den USA Maschinenbau, ab 1975 in Berlin Physikalische Ingenieurwissenschaften. 1983 schloss er das Studium mit der Promotion ab. Sein kreativer Werdegang setzte 1977 mit künstlerisch ambitionierten Fotografien ein, denen ab 1981 erste Buchveröffentlichungen folgten. Ab 1990 verlegte er seinen Schwerpunkt auf das Schreiben und unternahm als freier Schriftsteller Lesereisen in ganz Deutschland und vielen anderen Ländern.
Das Herzstück von Kemal Kurts Schaffen ist das Erzählen für Kinder, zunächst vor allem im Rundfunk, insbesondere für die von mehreren ARD-Sendern gleichzeitig übertragene „Ohrenbär"-Reihe des Senders Freies Berlin (SFB).
Für Jugendliche und Erwachsene verfasste er Gedichte, Essays, Satiren und Romane. Ein vorherrschendes Thema ist dabei die Auseinandersetzung mit den Widersprüchen zwischen der türkischen Herkunft und dem Leben in Deutschland – wie auch in dem Jugendroman „Die Sonnentrinker".
Kemal Kurt starb am 21. Oktober 2002 in Berlin-Schöneberg.

Kemal Kurt: Meine Kindheit und Jugend in der Türkei

Meine Eltern verbrachten ihre Jugend in einem Dorf in der Nähe von Bulgarien. Dort lebten einmal viele Türken, die nach und nach in die Türkei eingewandert sind und das heute noch tun. Das Dorf meiner Eltern kam Ende der zwanziger Jahre des 20. Jahrhunderts geschlossen in die Türkei. Die türkische Regierung wies ihnen Land zu, und sie bauten ihr Dorf an einem anderen Ort wieder auf. [...]
Ich bin in diesem Dorf geboren. Ich muss drei Jahre alt gewesen sein, als meine Eltern die Landwirtschaft aufgaben, das Ackerland an Verwandte verpachteten und in die Stadt zogen. Corlu zählte damals vielleicht 20000 Einwohner. Mein Vater begann, als Blechschmied Blechöfen herzustellen. Er war unruhig und sehr ungeduldig. Oft wechselte er den Beruf, arbeitete als Fassbinder, Bauer, Holztransportunternehmer usw., nirgendwo hielt es ihn lang. Offenbar war er handwerklich sehr geschickt, ich weiß nicht, wo er all diese Tätigkeiten gelernt hat.
Ohne Maschinen und lediglich mit wenigen Nutztieren, so erzählten meine Eltern und auch meine älteste Schwester, die diese Zeit als heranwachsendes Mädchen erlebt hat, muss die Landwirtschaft für alle eine harte Knochenarbeit gewesen sein. Auf jeden Fall waren sie froh, nunmehr in der Stadt zu wohnen.
Mein Vater war sehr temperamentvoll. Oft war er sanft, nachdenklich und extrem fürsorglich. Manchmal rastete er aus und zeigte, wie Wutausbrüche aussehen können. Oft ließ er sich an Gegenständen aus. Ich habe aber auch erlebt, wie er einmal meine Mutter und meine Schwester schlug.
Mich schlug er nie. Als der einzige Junge in der Familie und jüngstes der Kinder habe ich von ihm viel Zuwendung

erhalten, aber nicht nur von ihm, auch von meiner Mutter und den drei älteren Schwestern. Mein Vater hat mich regelrecht verwöhnt mit allen Süßigkeiten und Naschereien, die die an unserer Haustür vorbeiziehenden Straßenverkäufer zu bieten hatten.

Meine Mutter war ebenfalls eine leidenschaftliche und gefühlsbetonte Person, doch dabei auch sehr rational und pragmatisch. Zu ihr hatte ich eine sehr starke Bindung. Sie nahm mich überall hin mit, ich bin unter Frauen aufgewachsen. Zu Männern, die ja nach Zigaretten und Schnaps rochen, laut redeten und grob waren, hatte ich keinen Draht. So verbrachte ich die ersten zwölf Jahre meines Lebens in einer Welt von Frauen in absoluter Geborgenheit und wohlbehütet.

Im Sommer fuhren wir oft zum Dorf zu meinen Großeltern. Alle Bewohner von Cesmeli sind Alewiten. Das ist eine Sekte innerhalb des Islams, die aber von den Orthodoxen als häretisch angesehen wird. Deshalb finden ihre Rituale im Verborgenen statt. [...]

häretisch *ketzerisch, von der offiziellen Lehre abweichend*

Alewiten sind im Wortsinne Anhänger von Ali, dem Schwiegersohn Mohammeds. Er wurde in einem Konflikt um das Amt des Khalifaten umgebracht, genauso wie etwas später seine Söhne Hasan und Hüseyin. Alewiten verehren heute noch diese drei Personen und singen Klagelieder über ihren Mord. Diese Glaubensrichtung war in Anatolien und im Mittleren Osten sehr verbreitet. Der osmanische Hof hingegen war sunnitisch. Bei einem Krieg zwischen dem sunnitischen Osmanen-Sultan Selim und dem schiitischen Saffawiden-Herrscher Schah Ismail 1514 in Caldiran, unweit von Manzikert (wo die seldschukischen Türken einst die Byzantiner geschlagen hatten), wurde die Machtfrage in Anatolien zugunsten der Sunniten entschieden. Von da an galten die Alewiten als ein Sicherheitsrisiko, Selim ließ viele umbringen, wofür er den Beinamen „der Grimmige“ erhielt. Es gab zahlreiche alewitische Aufstände gegen den osmanischen Hof. Seitdem müssen die Alewiten ihre Rituale im Verborgenen abhalten, was dann wiederum zu üblen Nachreden und Gerüchten führte. An diesen Ritualen nehmen Männer und Frauen teil. Erst isst man gemeinsam, trinkt Wein, sufistische Lieder, begleitet von der Saz, werden gesungen. Auf dem Höhepunkt geraten die Teilnehmer in Ekstase und tanzen in einer endlosen Drehbewegung. Der drehende Derwisch-Tanz ist dir bestimmt bekannt. In Konya wird das den Touristen vorgeführt. Weil diese Rituale aus Angst vor Repressalien streng geheim durchgeführt werden mussten, hieß es in Gerüchten, die Alewiten veranstalteten zügellose Orgien. Alewiten und Sunniten heiraten in seltensten Fällen untereinander, und das wiederum führte in ländlichen Gebieten zum Vorwurf des Inzests. Auch in unserem Dorf wurden solche geheimen Rituale gefeiert, aber ich nahm bis heute nicht daran teil. Erst nach einer Initiationszeremonie, einer Verbrüderungsfeier, dürfen junge Leute daran teilnehmen, weil sie bis zu einem bestimmten Alter als unreif gelten. [...]

Ich bin nicht religiös. So hat das Alewitentum für mich nur historische und kulturelle, aber keine religiöse Bedeutung. Die Dichtung und Lieder der Sufis höre ich gern, aber ich praktiziere nicht. Auch in intellektuellen Kreisen wird die alewitische Kultur geschätzt. Heute ist eine gewisse Lockerung in den sunnitisch-alewitischen Beziehungen eingetreten, viele cemevi, Versammlungsorte der Alewiten und das Gegenstück zu sunnitischen Moscheen, wurden offiziell eröffnet.

Ich halte nicht viel von Religionen, weil sie in der Geschichte eher eine trennende als eine verbindende Funktion hatten. Wenn ich an den Dschihad, die islamischen Eroberungszü-

Ekstase *religiöse Verzückung/Begeisterung*
Konya *Stadt in Anatolien*
Repressalien *Straf- oder Vergeltungsmaßnahmen*

ge und die christlichen Kreuzzüge denke, werde ich darin bestätigt. Auch heute wird unter dem Deckmantel der Religion viel Gewalt verübt – in Bosnien, Indonesien, Afghanistan. [...]

ARBEITSANREGUNGEN

- Kemal Kurt war nicht immer Schriftsteller. Was erfährst du über seinen beruflichen Werdegang?
- Überlege, welche Vorzüge es haben kann, als freier Schriftsteller durch Deutschland zu ziehen, besonders im Vergleich dazu, als Ingenieur in einem Unternehmen zu arbeiten.
- Schreibe stichwortartig auf, was du über die Familie von Kemal Kurt erfährst.
- In seinem Bericht gibt Kemal Kurt Informationen über Alewiten und Sunniten. Erarbeite zu dem Thema ein Kurzreferat und trage es in der Klasse vor.
- „Ich halte nicht viel von Religionen", sagt Kurt in diesem Bericht. Warum ist er dieser Meinung? Was denkst **du** darüber?

Barbara Bils: Türkischer Name verringert Jobchancen in Deutschland

Anfang Februar veröffentlichte das Institut zur Zukunft der Arbeit (IZA) die Studie „Ethnische Diskriminierung auf dem deutschen Arbeitsmarkt: Ein Feldexperiment". Aus der Studie geht hervor, dass identische Bewerbungen unterschiedlichen Erfolg haben, je nachdem ob sie von einer Person mit einem deutschen oder türkischen Namen stammen.

Die Forscher der Universität Konstanz, die die Studie durchgeführt haben, verschickten in zwei Phasen im Dezember 2007 und Dezember 2008 über 1 000 Bewerbungen auf Praktikumsstellen für Wirtschaftsstudenten. Die eine Hälfte der Bewerbungen trug einen männlichen deutschen, die andere einen türkischen Vor- und Nachnamen. Für beide fiktiven jungen Männer wurde als Staatsbürgerschaft und Muttersprache deutsch angegeben.

Es wurden zwei Arten von Bewerbungen verschickt: Die eine enthielt zwei Empfehlungsschreiben von ehemaligen Arbeitgebern, die andere keine solchen Schreiben. Nach der Versendung der Bewerbungen wurden die Antworten gezählt und ausgewertet, die per E-Mail, Post oder Telefon eingingen. Die Auswertung des Versuchs ergab, dass die Person mit türkischem Namen eine um 14 % geringere Chance hatte, eine positive Rückmeldung (z. B. Einladung zu einem Vorstellungsgespräch) zu erhalten. Die Chancen waren bei kleinen Unternehmen besonders schlecht. Hier war die Wahrscheinlichkeit, eine Einladung zum Vorstellungsgespräch zu erhalten, sogar um 24 % geringer.

Die Autoren der Studie führen dies darauf zurück, dass große Unternehmen im Gegensatz zu kleinen Unternehmen meist ein standardisiertes Bewerbungsverfahren ha-

ben, in dem die Bewerbungen im ersten Durchgang nur nach formalen Kriterien, wie Studienfach, Noten oder Arbeitserfahrung sortiert werden.
Starke Unterschiede gab es auch zwischen der Bewerbung mit und ohne Arbeitszeugnisse. Betrachtet man nur die Bewerbung ohne Arbeitszeugnisse, war die Chance des Bewerbers mit dem türkischen Namen auf eine positive Antwort um 28 % geringer als die des Bewerbers mit dem deutschen Namen. Bei den Bewerbungen mit Arbeitszeugnissen waren die Chancen beider Bewerber etwa gleich.

Arbeitsanregungen

- Dieser Artikel bezieht sich auf die Ergebnisse einer Studie zur ethnischen Diskriminierung auf dem deutschen Arbeitsmarkt. Erkläre, was hier „Diskriminierung" bedeutet.
- Wodurch kommt diese Diskriminierung zustande? Notiere mögliche Gründe dafür.
- Wie kann mit Diskriminierungen dieser Art umgegangen werden? Was sagt das Gesetz dazu? Suche im Internet nach dem Allgemeinen Gleichbehandlungsgesetz und nach der Antidiskriminierungsstelle des Bundes. Notiere deine Ergebnisse und sprecht in der Klasse darüber.

Feiertage im Islam

Die religiösen Feste in den islamischen Ländern richten sich nach dem vorislamischen Mondkalender. Da der Mondkalender rund zehn Tage kürzer ist als der bei uns geltende gregorianische Kalender (Sonnenkalender), verschieben sich die Feste und Feiertage jedes Jahr und können nicht auf eine bestimmte Jahreszeit festgelegt werden.

Id al-Adha (Opferfest, „großes" Fest)
Das Fest findet im Wallfahrtsmonat Dhu al-Haddsch statt. Der 8., 9. und 10. Tag bilden die Haupttage der Wallfahrt (Haddsch) nach Mekka. Die Pilger, die sich auf der Haddsch befinden, schlachten im Gedenken an das Opfer Abrahams ein Opfertier. Auch in den Familien der Daheimgebliebenen soll geschlachtet werden, und zwar nach islamischem Ritus durch Schächten der Tiere. Das Fleisch der Opfertiere kommt im Wesentlichen den Bedürftigen zugute, jedoch muss auch der Spender davon essen.

Id al-Fitr (Fest des Fastenbrechens, „kleines" Fest)
Dreitägige Feier zum Ende des Fastens im Ramadan, dem neunten Monat des islamischen Kalenders. Man feiert aus Dankbarkeit für den segensreichen Fastenmonat und aus Freude darüber, dass alle die Anstrengungen des Fastens gut überstanden haben. Die Kinder werden mit Süßigkeiten beschenkt, daher hat das Fest in der Türkei den Beinamen „Zuckerfest" bzw. Bayram.

Maulid – Der Geburtstag des Propheten
Dieses populäre Fest wird am 12. des Monats Rabi al-Awwa mit Volksfesten und Andachten der religiösen Bruderschaften gefeiert. Den eigenen Geburtstag feiern Muslime

nicht, denn die bloße Tatsache, dass ein Jahr vergangen ist, berechtigt nicht zum Feiern. Erst nach einer Anstrengung gibt es ein Fest, etwa nach dem Ende des Ramadans oder nach dem Hadsch. Gefeiert wird außerdem, wenn ein Kind eine Prüfung bestanden oder jemand den Koran auswendig gelernt hat.

Miradsch – „Nacht der Himmelsreise“
Fröhlich wird mit lokal unterschiedlichem Brauchtum die „Nacht der Himmelsreise“ im Monat Radschab begangen, zum Beispiel mit Preisgedichten auf den Propheten und besonderen Festspeisen. Die Moschee wird in der Nacht festlich beleuchtet.

Lailat al-Baraa – „Nacht der Sündenvergebung“
Lailat al-Baraa wird im Monat Schaban gefeiert. Die „Nacht der Sündenvergebung“ ist von inständigen Andachten gekennzeichnet, da in dieser Nacht das Schicksal des kommenden Jahres festgelegt wird und die Sünden vergeben werden.

Lailat al-Qadr – „Nacht der Bestimmung“
Der Ramadan ist ein gesegneter Monat, in dem die göttlichen Gnaden (Barakat) näher sein sollen. Vor allem in der feierlichen „Nacht der Bestimmung“, in der der „Herabsendung“ des Korans auf Mohammed gedacht wird, lesen Moslems intensiv den Koran.

Der Mondkalender

Die muslimische Zeitrechnung beginnt mit dem Jahr der Hidschra („Auswanderung“ Mohammeds von Mekka nach Medina), dem christlichen Jahr 622. Gerechnet wird nach dem Mondkalender, das heißt, dass die Jahre kürzer sind als die des christlichen Sonnenkalenders. Ein Jahr hat nur 354 Tage und acht Stunden, somit fehlen elf Tage gegenüber dem gregorianischen Sonnenjahr. Daher verschieben sich die Festtage um zehn Tage pro Jahr: der Monat Ramadan wandert beispielsweise alle 36 Jahre einmal komplett durch das Sonnenjahr.

Das Jahr ist in zwölf Monate gegliedert. Die Monatsnamen heißen: Muharram, Safar, Rabia I, Rabia II, Dschumada I, Dschumada II, Radschab, Schaban, Ramadan, Schawwal, Dhu l-Qada und Dhu l-Hiddscha. Besondere Bedeutung haben in religiöser Hinsicht der Fastenmonat Ramadan und der Dhu l-Hiddscha, der Monat, in dem die obligatorische Hadsch (Pilgerfahrt), stattfindet.

Die Woche hat sieben Tage, jeder Wochentag trägt den Namen der entsprechenden Ordnungszahl; die Woche beginnt also mit dem „ersten Tag“ (Jaum al-Ahad), dieser entspricht unserem Sonntag. Zwei der Wochentage haben besondere Bezeichnungen, der Freitag ist der Tag der Gemeinschaft der Gläubigen (Dschumua), der dem gemeinsamen Gebet bestimmt ist. Der Name des Samstag (Sabt) bezieht sich auf den jüdischen Sabbat. Ein wöchentlicher Feiertag war ursprünglich nicht vorgesehen, jedoch gilt in vielen Ländern der Freitag als Feiertag, an dem ebenso wie zu den kanonischen Festtagen nicht gearbeitet wird. In den meisten Ländern der islamischen Welt wird in der

Gegenwart im Alltag nach dem christlichen Kalender gerechnet.

Der moslemische Tag beginnt mit dem Sonnenuntergang am Vortag.

Bis heute bestehen beide Datierungen nebeneinander. Im täglichen Leben benutzt man jedoch den westlichen gregorianischen Kalender, der in allen Bereichen des modernen Lebens Gültigkeit besitzt, während der moslemische Kalender allein dazu dient, die religiösen Feiertage festzulegen.

Arbeitsanregungen

- Wie heißen die muslimischen Monatsnamen? Zähle sie auf und notiere zusätzlich eine kurze Erklärung dafür, was der Name bedeutet.
- Ramadan ist ein besonderer Monat im Islam. Erkläre, die Bedeutung dieses Monats.
- Im Text erfährst du etwas über die muslimische Zeitrechnung. Vergleiche sie mit dem christlichen Kalender. Worin bestehen Unterschiede? Was ist gleich? Fertige zu deinen Ergebnissen eine Tabelle an.
- Recherchiere nach jeweils drei bedeutenden christlichen und jüdischen Festen und stelle sie in der Klasse vor.

KEMAL KURT

grenzen ab

grenzen haben zwei seiten
zu der einen grenzen sie aus
zu der anderen grenzen sie ein
begrenzen jene
die sie ziehen
eingesperrt
in selbstgezogenen grenzen
dort
wo die möglichkeiten unbegrenzt

gesundes volksempfinden

manche sind ausländer
manche ausländerer
manche am ausländersten
die sollen
ihre siebensachen packen
und dahin gehen
wo der kümmel wächst!

ARBEITSANREGUNGEN

- Zeige auf, was diese Gedichte von Kemal Kurt mit der Geschichte von Hakan im Buch zu tun haben.
- In einem Brief schrieb Kemal Kurt einmal: „Schreiben auf Deutsch war für mich immer eine Fronarbeit." Was meint er damit und warum hat er wohl trotzdem auf Deutsch geschrieben? Stelle Vermutungen an.

Ein Beispiel für Apartheid

Dreisprachiges Schild (englisch, afrikaans, isiZulu) am Strand der südafrikanischen Großstadt Durban 1989

ARBEITSANREGUNGEN

- Die Bedeutung des Schildes ist in drei Sprachen erklärt. Übersetze aus dem Englischen.
- Gib in eigenen Worten wieder, welche „Aussage" dieses Schild hat. Was meinst du dazu?
- Kennst du Beispiele aus der heutigen Gesellschaft, die vergleichbar sind mit dem Verbot, um das es auf dem Schild geht? Schreibe sie auf und sprecht in der Klasse darüber.
- Mache dir Gedanken über den Hintergrund solcher Verbote. Warum werden die Verbote aufgestellt? Welchen Zweck verfolgt man damit? Welche Gefahren sind damit verbunden?
- Entwirf ein neues Schild, auf dem zur Gleichbehandlung von unterschiedlichen Menschengruppen aufgerufen wird.

Depression – eine psychische Krankheit

Eine psychische Krankheit verändert die Psyche des betroffenen Menschen, d.h. sie beeinflusst vor allem das Gefühlsleben und das Denken und Wollen, aber auch die körperlichen Funktionen. Im Umfeld des Erkrankten werden solchen Erkrankungen häufig gar nicht richtig wahrgenommen und wenn man sie wahrnimmt, sind sie schwer zu verstehen.
Die Depression gehört zu den häufigsten seelischen Erkrankungen. Sie beeinflusst das Gefühlsleben und auch die körperlichen Funktionen so, dass sich die Erkrankten über einen längeren Zeitraum traurig, niedergeschlagen und energielos fühlen. Allerdings kann man nicht jede traurige Stimmung als Depression bezeichnen, denn im Alltag können starke Belastungen und tiefe Enttäuschungen durchaus zu kurzzeitigen und vorübergehenden Stimmungstrübungen führen.
Wenn jemand an einer länger andauernden Depression erkrankt, dann zeigt er häufig mehrere der folgenden Merkmale: Antriebslosigkeit, innere Unruhe und Schlafstörungen, fehlende Lebensfreude, innere Leere, vermindertes Selbstwertgefühl, schwindendes Interesse, Konzentrationsschwäche, Unentschlossenheit, Schuldgefühle, Selbstanklagen, Empfinden von Sinnlosigkeit, Selbstmordgedanken.
Die Ursachen für die Entstehung einer Depression sind vielschichtig. Meistens kommen mehrere ungünstige Umstände zusammen, z.B. Stress, wenig Schlaf, andauernder Streit, fehlende Freunde, Arbeitslosigkeit, Armut, Einsamkeit, Pflegebedürftigkeit, Wohnungswechsel, Außenseitergefühle, Tod von nahestehenden Menschen.

ARBEITSANREGUNGEN

- Erkläre, wodurch sich psychische Krankheiten von körperlichen Krankheiten unterscheiden.
- Menschen, die an einer Depression erkranken, zeigen unterschiedliche Merkmale. Welche Merkmale zeigt Hakans Vater?
- Auch die Ursachen für eine Depression sind sehr unterschiedlich. Welche Ursachen könnte diese Erkrankung bei Hakans Vater haben?
- Hakan erkennt nicht, dass sein Vater depressiv ist. Das merkt man daran, wie er über seinen Vater denkt, wie er mit ihm redet und wie er sich ihm gegenüber verhält. Belege dies mit entsprechenden Beispielen aus dem Text.
- Menschen, die an einer Depression erkranken, können sich oft nicht vorstellen, dass dieser Zustand irgendwann wieder zu Ende geht. So geht es auch Hakans Vater. Was bewirkt bei ihm schließlich die entscheidende Wende zur Besserung?
- Informiere dich im Internet ausführlicher über die Depression und über Möglichkeiten der Behandlung und Heilung. Berichte darüber in einem Kurzreferat oder erstelle eine Wandzeitung.

Textquellen

S. 160: Originalbeitrag (nach: wikipedia)

S. 161: Auszüge eines Briefwechsels zwischen Kemal Kurt und Ulrich Karger / www.textenetz.de.vu

S. 165: Babara Bils: Türkischer Name verringert Jobchancen in Deutschland = (http://www.migration-info.de/mub_artikel.php?Id=100202

S. 167: Feiertage im Islam = http://www.focus.de/schule/lernen/Lernatlas/weltreligionen/islam_aid_13769.html

S. 169: Der Mondkalender = http://www.focus.de/wissen/bildung/Islamlexikon_K-Z/kalender_aid_12294.html

S. 171: http://www.kemalkurt.de/menschenorte.html

S. 174: Originalbeitrag

Bildquellen

S. 160: © Erbengemeinschaft Kemal Kurt

S. 172: picture alliance